Konstanze Fakih

FIRST AID

Ein psychologisches Handbuch
Zum Erkennen und Behandeln
Psychischer Wunden

© Konstanze Fakih
Alle Rechte vorbehalten
Januar 2003

ALMUS- Verlag
D - 16562 Bergfelde
1. Tausend 2003

© Konstanze Fakih
Alle Rechte vorbehalten
Berlin, Dezember 2003

ISBN 3-00-012971-5

Layout/Satz
M. Looks, D-16562 Bergfelde

Herstellung/Druck:
PRO BUSINESS GmbH
D - 13357 Berlin

Inhalt:

Erstes Zwischenspiel	5
Psychische Verletzungen	9
Wie kann ich psychische Verletzungen erkennen	19
Psychische Warnsignale und Ihre Selbstheilungsprozesse	27
Zweites Zwischenspiel	41
Erste-Hilfe-Technik für die psychische Verletzungsart ersten Grades	51
Übung 1	55
Übung 2	71
Übung 3	73
Erste-Hilfe-Technik für die psychische Verletzungsart zweiten Grades	84
Übung 4	88
Drittes Zwischenspiel	107
Ein Fallbeispiel beider psychischer Erste-Hilfe-Maßnahmen	114
Zusammenfassung und Ausblick	121
Quellenverzeichnis	145
Schlagwörter	146

Erstes Zwischenspiel

„Du sollst (die Erde) – Dich – Dir untertan machen". Aus der Majestät der Erde sind wir aus Lehm geschaffen. So ist die Aussage der Bibel. Wir sind aus der Majestät der Erde, aus Lehm, geschaffen. Logischerweise muß sich diese Lebensanweisung auf den Menschen beziehen und nicht auf die Erde.

Mir scheint, daß hier ein Mißverständnis vorliegt. Der Mensch ist sich selbst ein Rätsel. Unser Begreifen setzt sich aus dem Assoziationsteppich der Erinnerungen und Erfahrungen einerseits, und andererseits aus dem intuitiven Erfassen zusammen.

Aber allein bei dem Begreifen einer animalischen Wesenheit verstummt unser Bewußtsein.

Gestern kam ich spät abends in Colorado Springs, Colorado, USA, an. Im Vorgarten der Gastgebervilla ästen drei kleinere Rehe, ein größeres war voran in die Dunkelheit gegangen (nein, getrippelt, das Aufsetzen der Hufe auf den Asphalt klang nach Porzellan. Das porzellanene Trippeln wirkte wie die

Geräusche eines leicht verspielten, vertrauensseligen Kindes, das auf dem Asphalt tanzt).

Ich wollte zu den Tieren, aber ihre wachsam-unentschlossene Schüchternheit im Kleid ihres Selbstbewußtseins hielt mich ab. Und meine aufkeimende Sorge, ob sie genug Gras haben - das Gras sah sehr vertrocknet aus - und ob es nicht zu kalt für die kleinen sei - öffnete in meinem Herzen das Bedürfnis, sie in das warme, schützende Haus einzuladen.

Da nahm die schwarze, undurchdringliche Nacht die Tiere in ihre offenen Arme. Ich bewunderte und respektierte die Kraft der Tiere und ihr Wissen. Ein wenig neugierig war ich, aber auch eifersüchtig auf dieses Wissen, mit der nächtlichen Erde und dem nahen schwarzen Berg erfahren umgehen zu können. Fast schien es mir, daß das Leittier mich beruhigte; ihnen sei diese Nacht vertraut. (In uralten Tagen lernten sie, damit umzugehen.)

Mich schauerte es ehrfürchtig angesichts dieses animalischen Bewußtseins, das mir so fremd und erhaben erschien.

Die Bewegungen der braun-grauen Tiere auf ihren hohen Beinen waren elegant und selbstbewußt, ohne besitzergreifenden Lärm oder demonstrierende Parade. Tangential berührte die kleine Tierfamilie mein Gesichtsfeld und mein Herz, das voller

achtungsvollem Staunen war und begeistert erwiderte ich diesen tangentialen Gruß.

Mir wurde klar, diese Wesen hatten ein tiefes, gestaltetes Wissen, mit der Nacht und dem Gebirge umzugehen. Selbst die nächtlichen, menschenleeren Vorgärten scheuten sie nicht, zu erkunden, denn jederzeit konnten sie in ihre Erde zurückkehren.

Mein menschliches Bewußtsein hingegen freute sich auf das Haus mit den geheizten und erleuchteten Räumen, den vielen Sitzgelegenheiten, dem fließenden Wasser und der warmen Mahlzeit. Das ist meine „Erde", ohne die Ehrfrucht gebietende Macht und ohne die Silhouette des Berges, ohne den kalten Wind und ohne die alles aufsaugende dunkle Schwärze der Nacht. Ja, die Tiere hatten ein tiefes Wissen um dieses Stück Erde; eine bewußte Verbindung, um lebendig zu bleiben.

Ich wäre draußen in der Nacht verloren, vor Angst, Kälte und Hunger. Ich hätte nicht gewußt, wie ich die Nacht in dem Armen der Erde ohne gesundheitliche Schäden überlebt hätte.

Meine „Kultur" ist auf Häuser, Läden, Verkehrsmittel, fließendes Wasser, Kleider angewiesen.

Die Tiere in den nachbarlichen Vorgärten meiner Gastgeber brauchten ihren Körper, ihren Instinkt, ihre Bewußtseinskraft, weiter nichts: ihr Fell und ihre starken Hufe, ihre Sinnesorgane. Ihr tiefes Wissen hilft ihnen, ihr Leben zu erkunden, zu kommunizieren!

Hätten sie eine Bibel wie wir Menschen, sie würden den Satz sicher so übersetzen:

Mache Dich mit Dir vertraut, dann kannst Du überleben!

A 1 Psychische Verletzungen

Psychische Verletzungen äußern sich in unseren Gefühlen. Das Gefühl äußert sich im Körper durch einen Zustand, z. B. Schmerzen oder Unwohlsein. Das alles nehmen wir über Nerven und das Gehirn wahr. Psychische Verletzungen sind primär immateriell, d. h. wir können sie nicht direkt sehen, nur durch Ausdruck des Menschen vermuten. Wir können sie nicht direkt anfassen und mit materiellen Hilfen nicht direkt behandeln.

Psychische Verletzungen „bluten". Das „Blut" der Psyche ist ihre Bewußtseinskraft. Diese „fließt" aus den psychischen Verletzungen. Wir verlieren die Bewußtseinskraft. Die ist aber für jeden Erkenntnisprozeß unerläßlich. Ohne Bewußtseinskraft kann unsere Kortex (die Großhirnrinde) nicht „arbeiten". Unsere Bewußtseinskraft ist der „Betriebsstoff" der Großhirnrinde.

Psychische Verletzungen können chronisch sein und sind es in der Regel auch und können infiziert werden. Und wir „infizieren" die psychischen Wun-

den bzw. lassen Infektionen aus Unwissenheit geschehen, weil wir nicht gelernt haben, diese psychischen Wunden zu verarzten. Wir haben nicht gelernt, ihnen ein "psychisches" Pflaster aufzulegen und sie zur Heilung zu führen.

Religionen bieten Rituale und Glaubensstrukturen an, um der verletzten Psyche Halt und Frieden zu geben. Sie fördern oftmals die Selbstheilungskräfte der Psyche.

Die Seele ist ein ewiges Organ, durchströmt von den vier Grundkräften:

1. **Kreative Kraft**
2. **Unabhängigkeitskraft**
3. **Freiheitskraft**
4. **Verantwortungskraft**

Analog gibt es im materiellen Körper in den Genen die vier Aminosäuren, die Sprache des Lebens sind. Diese vier Säuren heißen Adenin, Cytesin, Guanin und Thymin.

Die Psyche ist eine Vermittlerin (Mediatorin) zwischen der ewigen Seele und dem endlichen Körper. Während die Seele weder geboren wird noch sterben kann, ist die Psyche verletzbar und kann krank werden.

Die Psyche bedarf der Hygiene und der Verarztung ihrer Verletzungen.

In den vergangen Jahrhunderten mag die christliche Religion diese Aufgabe ergriffen und erfüllt haben. Dies war aber untrennbar mit kulturellen Geboten und Dogmen verbunden, z. B. wie die Erbsünde oder die Schuld.

Nachdem Nietzsche im 19. Jahrhundert erklärte: „Gott ist tot", nahm er eine Entwicklung vorweg, die nach zwei erschütternden Weltkriegen des vorigen Jahrhunderts die Menschen im Herzen veränderte. Zunächst kam ihr Glaubenssystem von Gut und Böse ins Rutschen. Dies war der Beginn eines Kulturumbruchs. Bewertungen von emotionalen Zuständen änderten sich. Wer in Mitteleuropa z. B. noch bis in die sechziger Jahre des letzten Jahrhunderts eine nichteheliche Geburt als Schande und die Scheidung als Verlust des sozialen Ansehens erlebte, führt in unseren heutigen Tagen in einer Patchwork-Familie ein modernes und anerkanntes Leben.

Der derzeitige Kanzler Gerhard Schröder lebt dies mit seiner „Ziehtochter" und Ehefrau Schröder-Köpf genau wie Kronprinz Haakon und seine Frau Mate Merrit von Norwegen, die einen dreijährigen nichtehelichen Sohn hat.

Wie gehen Menschen ohne religiöse Bindung mit Tod, Krankheit, Angst und Kummer um?

Selbst die großartigen Psychotherapien wissen letztlich nicht woran das liegt, wenn ihre psychotherapeutischen Techniken greifen und warum die Heilung vollzogen wurde.

Die Hinwendung vieler Menschen zu östlichen, asiatischen Religionen und Praktiken konnten kaum einen messbaren psychischen Gesundheitseffekt liefern.

Auch nicht die ernannten oder selbsternannten Gurus oder Sekten.

Oftmals wurde berichtet, daß statt Gesundung und Heilung psychischer Verwundungen die Menschen von Gurus und Sekten wirtschaftlich ausgebeutet wurden.

Es ist eine Tatsache, die in den zwanziger Jahren von dem berühmten Schweizer Psychiater Rorschach so formuliert wurde:

Wir leben in einem neurotischen Zeitalter.

Die Psyche der Menschen ist verletzt, chronisch, und sie zeigt es in ihren Erkrankungen.

Anfänglich zu Freuds, Adlers und Jungs Zeiten grassierte die Hysterie. Seit den achtziger Jahren des vorigen Jahrhunderts herrscht die Depression vor.

Der Kulturumbruch unserer heutigen Zeit gebietet uns dringend, die Psyche in ihrer Heilung zu unterstützen, um dadurch unsere Bewußtseinskraft zu schützen und wiederherzustellen. Denn wir müssen mit Hilfe unserer Bewußtseinskraft die Ressourcen unserer Seele berühren.

Darf man den biblischen Aussagen folgen, so ist im Rhythmus von zweitausend Jahren eine Erneuerung angekündigt und erscheint angemessen.

Vielleicht wird aus unserer Mitte ein neuer „Messias" geboren und bringt der Welt ein neues fundamentales Glaubenssystem der Liebe. Vorher aber sollten wir Menschen die Zeit nicht ungenutzt lassen. Selbstverantwortlich müssen wir in die Hand nehmen, uns psychisch gesund zu erhalten oder gesund werden zu lassen.

Nahezu 27 Jahre lang suchte ich nach klaren, einfachen und wirksamen Methoden, psychische Verletzungen direkt zu verarzten. Professor Hans-Jürgen Eysenck sagte mir 1982 in London: „ We do not know, what really helps, when we are successful in psychotherapy". Diese Aussage beruhigte mich keineswegs, aber es dauerte noch weitere

sechzehn Jahre, bis ich einen anderen bedeutungsvollen Hinweis erhielt.

In seinem Buch „Magische Bewegungen, Tensigrity" erläuterte (1998) Carlos Castaneda kurz vor seinem Tod, was er in der „Kraftkultur" der Yaqui-Indianer diesbezüglich erfuhr.

In den 70ziger Jahren des vorigen Jahrhunderts lernte ich die Kultur der Yaqui Indianer durch die lebendige und fesselnde Sprache aus den Büchern des amerikanischen Anthropologen Carlos Castaneda kennen. Seine Bücher offenbaren der Welt die einfachen und wirkungsvollen Praktiken einer in sich geschlossenen indianischen Kultur aus Sonora (dem Norden von Mexiko). Diese Kultur bemühte sich in ihren Geboten, Praktiken und Glaubenssystemen um menschliche Kraftgewinnung, um dem Tod zu trotzen und „auf den Flügeln der Absicht zu fliegen". Nach der Entdeckung der „Neuen Welt" durch Columbus und den daraus folgenden Entwicklungen, waren die Indianer auf das nackte Überleben angewiesen. Auf der Suche nach Überlebensmöglichkeiten in einer feindlichen und todbringenden menschlichen Umwelt stießen sie auf die menschlichen Fähigkeiten des Bewußtseins und der Wahrnehmung. Die machtvolle Kraft der menschlichen Wahrnehmungsprozesse wurde das erklärte Forschungsgebiet dieser Menschen. Sie erreichten in ihren gezielten Bemühungen Wissensquellen, die dem westlichen Vorgehen bisher fremd und unbekannt sind. Sie erkannten, daß der Mensch ein *bewusstseinsfähiges, wahrnehmendes Wesen* ist. Um die im Menschen angelegten

Möglichkeiten der Wahrnehmung zu nutzen, lernten sie die Bewußtseinskraft zu „trainieren".

Verblüffende „Volksweisheiten" unserer Kultur erkannte ich oftmals beim Lesen über diese „Kraftkultur". Oft erschien es mir, daß mein Vater zu mir spricht, wenn ich z.B. das Buch „Die Reise nach X Land" las. Daß der Mensch sich selbst nicht so wichtig nehmen darf, weil er in den Augen der Yaqui Indianer dadurch zuviel psychische Bewußtseinskraft falsch besetzt und verliert, ist nur ein Beispiel für vertraute Aussagen. In ihren wissenschaftlichen Untersuchungen und Experimenten fanden sie Wege, die Bewußtseinskraft, eine Art Betriebsstoff der Wahrnehmung, zu bündeln und zu erhöhen. Dies führte sie in ihren Wahrnehmungsprozessen zu ungeahnten Erlebnissen und Erfahrungen. Sie lernten die Welt *energetisch zu sehen.* Zunächst *sahen* sie unter den besonderen kraftvollen Bewusstseinsbündelungen, dass der Mensch eine „leuchtende Kugel" sei. Sehr viele Energiezentren drehen sich in dieser „leuchtenden Kugel". Einige besonders hervortretende Energiezentren ließen sich mit den körperlichen Organen der Leber, der Milz, der Nieren usw. identifizieren. Sie konnten *sehen*, dass kranke Menschen schwach drehende Energiezentren hatten. Sie *sahen* auch, dass die Energie in der „leuchtenden Kugel", die der Mensch darstellt, von Geburt an weder verloren geht, noch vermehrt werden kann. Sie *sahen*, daß die Energie im Laufe des Lebens wie Verkrustungen an der Peripherie der „leuchtenden Kugel" klebt, daß die

Rotation der Energiezentren danach strebt, die Energie nach außen an die Peripherie zu schleudern. Sie fanden heraus, daß durch besondere körperliche Bewegungen und durch eine „makellose" Lebensführung, die nach außen geschleuderte Energie wieder in die Energiezentren zurückkehrt. In der Höhe des Kopfes aber stellten sie eine besondere „Abscheulichkeit" fest. Dort drehten sich die Energiezentren nicht, sondern sie schlugen wie Taktstöcke auf und nieder, was sie im Zustand des *Sehens* als „abscheulich" wahrnahmen. Diese „unnatürlichen" Bewegungen, erkannten sie, geschah - so ist meine Interpretation - durch zwei psychische Verwundungsarten. Die sind für die menschliche Bewusstseinkraft besonders gefährlich. Durch diese zwei psychischen Verwundungen geht dem Menschen viel seiner Bewußtseinskraft verloren. Um diesen so folgenschweren Prozeß zu verhindern und zu überwinden fanden die Yaqui Indianer psychische „Verarztungsmittel".

Dabei bezogen sie sich auf die Beschaffenheit der Psyche als ein immaterielles Organ, das durch Worte und Bilder (Vorstellungsbilder) beeinflußt werden kann.

Es gibt demnach zwei verschiedene psychische Zustände, die der direkten psychischen Verarztung bedürfen. Die psychische Verarztung besteht in Worten und Bildern, diese wirken auf die Psyche wie ein „Paßwort" auf den Computer ein. Diese unterschiedlichen „Paßworte" lösen psychisch ein entsprechendes psychisches „Desinfektionsprogramm" aus. Dadurch wird die psychische Wunde „gerei-

nigt". Dies unterstützt in dem Moment die *Selbstheilungskraft der Psyche*. Ein einfaches, wirksames und klares Vorgehen. Andererseits erfordert dies das Erkennen einer psychischen Wunde und die Bereitschaft, sofort psychisch-hygienisch einzugreifen. Dieser Eingriff muß so oft wiederholt werden, bis der psychisch verwundete Zustand überwunden ist.

Die Psyche ist ein Organ, das Wiederholungen liebt und welches kraftvolle Konzentration der psychischen Hygienemaßnahme mit Selbstheilung belohnt.

Seit den letzten vier Jahren übe ich mit mir und meinen Patienten diese Technik der Unterstützung von Selbstheilungskräften der Psyche durch das *psychische Hygieneprogramm.* Nach dieser Zeit gelang ich zu der tiefen Überzeugung, daß diese psychische Methode einfach, wirkungsvoll und unabdingbar ist.

In diesem Buch möchte ich versuchen, Ihnen, liebe Leser, diese Technik nahe zu bringen. Am Ende des Buches sollten Sie in der Lage sein, selbstverantwortlich, Ihre psychische Verletztheit zu erkennen und sie zu verarzten.

Damit werden Sie, liebe Leser, den Bewußtseinsschwund aufhalten, der unsere Handlungen, unsere Gefühle und unsere Gedanken betrübt.

Sie werden Ihr Bewußtsein aufbauen und erstarken.

Damit können Sie den Aufgaben Ihres Lebens gerechter werden.

Dies kann uns dem einen Schritt näher bringen, als Menschen zu denken, zu fühlen und zu handeln. Und vielleicht bietet diese Technik einen guten, vorbereiteten psychischen Boden, eine neue notwendige Kultur zu errichten.

A 2 Wie kann ich psychische Verletztheit erkennen?

Psychische Verletztheit ist genauso wie die körperliche Verletztheit und die geistige Verrücktheit bekannt, z. B. Reaktionen auf Überforderungen wie bei Unfällen, Krieg, Katastrophen, aber auch anhaltender Streß bei ungünstigen familiären, partnerschaftlichen oder beruflichen Situationen, Streit, Eifersucht, Mobbing können psychische Verletzungen bewirken.

Allerdings, welches Individuum welchen Streß als psychische Verletztheit erfährt, hängt von vielen Variablen ab. Hier spielen der Charakter und die Persönlichkeit eine ebenso große Rolle wie der Lebensrhythmus und die Tagesverfassung. Weiter wichtig ist, woran die Menschen glauben, wie sicher er oder sie sich in ein soziales Netz eingebunden fühlt, ob er oder sie in einer lebendigen, erfüllten Partnerschaft lebt, ob ihre oder seine Angehörigen ihn oder sie achten und unterstützen, ob er oder sie erfolgreich ist oder sich als Pechvogel erlebt.

Grundsätzlich scheinen jedoch in unserer zivilisierten Welt, regelmäßig bei jedem Menschen zwei unterschiedliche psychische Verletztheiten aufzutreten.

Die erste psychische Verletztheit geschieht im ersten Lebensjahr. Dabei können die Ursachen so unterschiedlich sein, wie es Menschen gibt. Das Grundmuster dieser Verletztheit ist eine unbefriedigt gebliebene emotionale Erwartung. Als mein Baby einige Wochen alt war, hatte irgendetwas seinen Gefühlszustand angegriffen. Es schrie und schrie ohne für mich erkennbaren Grund. Ich war ratlos und wußte nicht, diesen zu beheben. Ich wickelte es, ich trug es auf meinem Arm, ich schaukelte es, gab ihm Milch, wärmte seinen kleinen Körper, redete ihm gut zu, alles half nichts. Es schrie und schrie und ich hatte den Eindruck, wir verstehen uns nicht. Es wurde über mein Nichtbegreifen immer unmutiger, so schien es mir, und ich fühlte mich verzweifelt und wütend. Schließlich legte ich es in sein Bettchen, dort schrie es noch eine Weile.

Ich vermute, jede Mutter und jeder Vater kennt diese Situation. Am nächsten Morgen erschien es mir, als hätte sich seine sonst so dunkle, kraftvoll gefärbte Pupille in der Farbe verwässert.

Die psychische Organisation und Verfassung des Menschen ist im ersten Lebensjahr ebenso wie der Körper von äußerster Zartheit und Empfindsamkeit. Verletzungen, zumal unwissentlich verursacht, sind an der Tagesordnung.

Nun ist das erste Lebensjahr in der psychischen Entwicklung das Jahr, wo das Fundament der Persönlichkeit des Menschen gesetzt wird. Alle emotionalen und sozialen Berührungen und Erfahrungen

charakterisieren die spätere Persönlichkeit. Die Psychoanalysen sprechen vom Urvertrauen. Sie drücken damit aus, daß die gefühlsmäßige Einbindung und Geborgenheit im sozialen familiären Rahmen Voraussetzung zur Ausbildung der wichtigen Vertrauensbildung ist, die für alle Gedanken, Gefühle und Handlungen der späteren Person gilt.

Die psychische Entwicklungskraft der Menschen ist in dieser Zeit ungeheuer prägbar und für das gesamte spätere Leben bestimmend, z. B. wenn diese wichtige Entwicklungsphase von großer familiärer Unruhe bestimmt ist, wie anhaltender Streß der Eltern und Verwandten, häufiger Bezugspersonenwechsel, häufiges Wechseln des Ortes, von starken sozialen gesellschaftlichen Unruhen erfüllt, wird das Fundament der Persönlichkeit „auf Sand gebaut".

Die zahlreichen psychischen Verletzungen, die ein Säugling dann erfährt, bilden neben dem Einfärben der Persönlichkeit auch den Grundstock für spätere psychische Empfindsamkeiten und Verletzungsgefahren.

Nun ist die Anpassungsfähigkeit der Psyche von ungeheurem Ausmaß, aber dennoch verbleibt eine psychische innere Dünnhäutigkeit und Verletzung, die, da sie unverarztet bleibt, chronisch wird.

Ein kleines Beispiel: Eine diplomierte Betriebswirtin, bereits 30 Jahre alt, gebiert in einer guten, funktionierenden Ehe einen Sohn. Sie bekommt plötzlich Angstzustände beim Auto fahren und kann nicht mehr selbst auf der Autobahn fahren. Der Ehemann, in der Woche in einer anderen Stadt arbei-

tend, fällt zur Betreuung des Kindes aus. Das Kind leidet unter Schlafstörungen, es kann nicht länger als eine Stunde hintereinander schlafen. Beide, Mutter und Sohn, sind wie gerädert. Die Mutter blaß und sich schuldig fühlend, nicht ordentlich ihr Kind versorgen zu können, der Säugling schreckhaft und unleidlich. Ich gab der Mutter Anweisungen, die sichtlich eingetretene psychische Verletztheit des Säuglings mit meiner Technik zu behandeln. Ich ging davon aus, daß die emotionale symbiotische Beziehung von Mutter und Kind zur psychischen Verarztung (Wort und Bild) ausreicht. Und tatsächlich, hatten sich die Schlafstörungen ihres Kindes gegeben.

Im Übrigen hielt dies an.

Die psychische Verletzung des wenige Monate alten Babys konnten erfolgreich behandelt werden.

In der Regel aber bleiben diese psychischen Verletztheiten wegen Unwissenheit unerkannt und unbehandelt. Vielleicht hätte die Mutter mittels Beruhigungstees oder ähnlichen Maßnahmen die Schlafstörungen auch behandeln können. Doch die psychische Verletztheit wäre dann nicht verarztet gewesen und wäre als solche geblieben.

Dies ist allerdings der Alltag.

Ich möchte diese Art der psychischen Verletzung im ersten Lebensjahr „**Verletzung ersten Grades**" nennen.

Nun gibt es noch eine weitere psychische Verletzung. Die erfährt der Mensch zwischen dem zweiten und vierten Lebensjahr. In diesem Entwicklungszeitraum bildet sich der Wille aus. Das psychische Verhältnis vom emotionalen Geben und Nehmen wird in diesem Abschnitt ausgebildet. Dies ist die sogenannte Trotzphase. Jeder hat schon selbst erlebt oder gehört, dass sich Kleinkinder häufig auf den Boden werfen, wenn sie ihren Willen nicht bekommen. Und natürlich erfahren Kinder häufig, dass sie ihren Willen nicht durchsetzen können.

Die Verletzungsmöglichkeiten in diesem wichtigen Entwicklungsabschnitt sind vielfältig. Immer jedoch ist dabei eine psychische Verletzungsart verbunden.

Ich möchte Sie die *„psychische Verletzungsart zweiten Grades"* nennen. Z. B. kann sie sich darin äußern, daß Kinder in diesem Alter häufiger zu Wutanfällen neigen, wenn sie nicht ihren Willen bekommen. Aber auch Bauch- oder Kopfschmerzen können darauf hinweisen.

Die Fähigkeit, den eigenen Willen in die Tat umzusetzen, begründet sich auf mannigfache Bedingungen, z. B. daß der Körper mit für die Handlung notwendigen Bewegungsmöglichkeiten ausgestattet ist, daß das visuell-motorische Handeln abgerufen werden kann, d. h. das Zusammenspiel von Sehen und Nachmachen (z.B. beim Schreibenlernen). Aber auch das Wissen darum, eine Entscheidung durchzusetzen, ist wichtig.

Die psychische Konzeption des Willens und der Entscheidungskraft ist aber verletzbar.

In dem so genannten Trotzalter um das vierte Lebensjahr (ca. von 2 bis 4 Jahren) herum werden alle erfolgreichen Willenserlebnisse des Kindes zum Fundament für die künftige Belastbarkeit im Willens- und Durchsetzungsbereich der späteren Person. Natürlich ist diese Belastbarkeit durch weitere Bedingungen wie Anlage, Charakter, Vorlieben etc. bestimmt. Aber wird in dieser wichtigen Entwicklungszeit der Willensbildung das Kind häufig gehindert, blockiert oder gar lächerlich gemacht, werden psychische Verletzungen zweiten Grades gesetzt.

Diese werden in der Regel aus Unwissenheit nicht verarztet und sind daher chronisch.

Eines Tages kam eine Mittdreißigerin in meine Praxis. Schon viele Therapien und Krankenhausaufenthalte konnten ihrer gedrückten und ohnmächtigen psychischen Verfassung keine Erleichterung bieten. Ich arbeitete mit ihr über ein Jahr mit der für die Verletzungsart zweiten Grad angewiesener Technik. Sie war sehr kooperativ und übte die Technik auch Zuhause ein, wenn sie sich psychisch verletzt fühlte. Die psychische Verletztheit äußerte sich nicht in Gefühlen der Ohnmacht und des Niedergeschlagenseins sondern körperlich als Einengung der Brust und gleichzeitigen heißen Gefühlen wie Scham über den ganzen Körper. Sie konnte sich dann einem anderen Menschen gegenüber nicht normal verhalten, sie zog sich dann stets zurück.

Manches liebe Mal übte sie zu Hause stundenlang die Technik für die Verletzungsart zweiten Grades aus. Sie fiel immer wieder in ihren alten Zustand zurück, wenn sie kurze Erleichterungen verspürte. Doch habe sie nicht aufgegeben, berichtete sie mir, sie habe vierzehn Tage mit der Technik gearbeitet. Sie sagte, sie habe mithilfe der Technik einen psychischen Schalter in sich umgelegt. Die Einengung in der Brust und das heiße Gefühl verschwanden. Sie änderte ihr Leben, konnte ohne Gefühlsdruck mit anderen Menschen Kontakt aufnehmen. Sie suchte eine Arbeitsstelle, kümmerte sich um Freundschaften und brauchte mich als ihre Therapeutin nicht mehr.

Das Erkennen der psychischen Verletzungen hängt unmittelbar mit dem Erkennen des körperlichen Zustands zusammen.

Die Psyche ist ein immaterielles Organ. Sie nutzt den Körper als Projektionsfläche ihrer Befindlichkeit. Wenn wir traurig sind, laufen wir zusammengeklappt wie ein Messer, Schulter hochgezogen, Kopf nach unten gesenkt, der Blick kaum nach vorne richtend, nach vorne gebeugt. Die Körperbewegungen sind langsam, schleppend, als wären schwere Gewichte an den Gliedern. Die Mimik ist leer und ausdrucksarm.

Sind wir fröhlich, dann öffnet sich der Körper, der Kopf wird gerade auf den lockeren Schultern getragen, der Blick ist frei, die Bewegungen des Körpers sind rhythmisch, die Körperhaltung ist grade, zugewandt und die Mimik ist bewegt.

Fühlt sich die Psyche verletzt, z. B. wenn ein geliebter Mensch stirbt, schmerzt das Herz und der Atem wird schwer.

Das alles ist nicht neu.

Wir alle kennen dies. Der Volksmund sagt: Es schlägt was auf den Magen, oder: Etwas ist schwer zu verdauen.

A 3 Psychische Warnsignale und ihre Selbst-Heilungsprozesse

Die psychischen Selbstheilungskräfte gehören wie die körperlichen und geistigen zu unserem menschlichen Vermögen. Diese fungieren als ein selbstorganisiertes, automatisches Reparaturprogramm. Dies wirft die Frage auf: Was ist der Mensch?

In unserer Kultur, wo Menschen in den Weltraum fliegen können, ist die Sichtweise, was der Mensch sei, folgende: Wir Menschen sind bio-psychosoziale Wesen.

„Wir sind Bewohner dreier Welten", lehrte in den 70ziger Jahren des vorigen Jahrhunderts Prof. Kirchhoff, ehemaliger Direktor des psychologischen Institutes der Technischen Universität Berlin.

Köper, Geist, Seele sind rhythmisch, d. h. fließend organisiert: der Schlaf- Wachrhythmus, Hunger- Sattseinrhythmus, Wachsam- Unaufmerksamkeitsrhythmus, Liebe- Hassrhythmus.

Körper, Geist, Seele - die drei unterschiedlichen Welten des Menschen müssen in einem Selbstmanagement geführt werden, um das Überleben zu sichern und um Selbstverwirklichung zu gewährleisten.

Die heutige Wissenschaft nennt den Menschen ein bewusstseinsfähiges, wahrnehmendes Wesen.

Zunächst interessiert mich wie sich Geist und Seele als immaterielle Stoffe verhalten?

Der Geist ist (nach Jack Charon, 1977) ein in allem Materiellen und Immateriellen sich befindender Kraftstoff.

Ich möchte diesen Kraftstoff, der aus dem Geist fließt Bewusstseinskraft nennen. Wie eine Brücke vom Geist zu dem irdischen Dasein, bedient sich die Natur dieses Kraftstoffes. Die Psyche erscheint wiederum eine Brücke zwischen Seele und individuellem körperlichen Daseins zu sein. D. h. die Psyche ist an das persönliche Erfahrungsgut gebunden und hat eine immaterielle Gestalt. Sie ist sterblich und verletzbar.

Während der Geist eine ewige strömende thematisierte Kraft ist, sind die Psyche und die Bewusstseinskraft in der Zeit vereint an den Menschen gebunden und endlich.

Denken wir an die zu beobachtende Verhaltensweise vieler Tiere vor einem Erdbeben. Es scheint als telefoniere ihre Psyche mit der Psyche der Erde und sie erfahren als Warnung, daß eine lebensbedrohliche Erschütterung der Erde erfolgen wird. Dies bietet den Tieren die Möglichkeit, sich für die Flucht zu entscheiden, oder sie verbleiben und versuchen der Gefahr zu trotzen und zu überleben.

Oder bei den Menschen die Protestbewegungen gegen Krieg, Gewalt und Unterdrückung, wie sie

jüngst gegen den Nah-Ost Konflikt in Gang gekommen sind. Dies ist auch ein Kennzeichen der psychischen Qualität, gemeinsam zu empfinden und gemeinsam etwas zu entwickeln, gemeinsam zu handeln.

Oder als am 11. September 2001 die Türme des World Trade Centers einstürzten. Die über alle Konfessionen und Kulturen beobachtete Schockreaktion und das Mitleid mit den Amerikanern. Auf einmal konnte jeder auf der Welt fühlen, welche Bedrohung und Warnsignale mit dieser ungeheuren Gewalttat verbunden ist.

Dies drückt sich in übernationaler gemeinsamer Bereitschaft aus, sich dem Terrorismus gegenüber zu schützen; basierend auf dem psychischen gewahr gewordenen Gefühl: Auch ich bin ein Amerikaner.

Das psychische Warnsignal bestand in dem Gefühl von Betroffenheit, Wachsamkeit und im Kommunikationsbedürfnis: Im Sammeln von Informationen, Austauschen von Wahrnehmungen, Suchen nach Bewertungsbedeutungen. Im übrigen auch beim Fall der Mauer am 9. November 1989. Die Menschen waren alle Betroffene, allerdings freudig. Sie waren alle wachgerüttelt und suchten Kontakt, Gespräche und Erfahrungs- und Erklärungsmodelle.

In der Konstruktion des Lebens scheint der Körper das unterste Fundament zu sein.

Schlägt meine Mutter mir in das Gesicht, tut in erster Linie meine Wange weh. Ich fühle den Schmerz, empfinde je nach meiner Persönlichkeit

Schuld, Ohnmacht, Scham, Rache oder unterdrückte Wut. Mein Körper konzentriert sich erstmal vollkommen auf die schmerzende Gesichtshälfte.

Ich werde wahrscheinlich meine rechte oder linke Handfläche auf die Wange legen und damit den gesamten Bewegungsablauf des Körpers einschränken. Die Nerven des willkürlichen und unwillkürlichen Systems melden dem Gehirn ihre negative Botschaft. Das Gehirn hebt in das wahrnehmende Bewußtsein den Schlag der Mutter und das kognitive System bestimmt die Bedeutung des Schlages und die Reaktion darauf. Dies wiederum wird dem körperlichen System über die Nerven und das endokrine System der Hormone, des Stoffwechsels und der Kontraktion der Muskeln und dem Blutdruck, dem Rhythmus des Atems und der Verfärbung der Haut ausgedrückt. Jede Zelle des Körpers, kommend aus den drei Keimblättern *(die drei Keimblätter des Menschen und die daraus hervorgehenden Organe sind:*

Ektoderm - *Zentrales Nervensystem, Sinnesepithel von Auge, Nase und Ohr, Haut mit Haaranlagen, subkutane Drüsen, auch Schweißdrüse, Brustdrüse, Hypophyse und Zahnschmelz;*

Mesoderm – *Bindegewebe, Knorpel und Knochen, Quergestreifte und glatte Muskulatur, Zellen des Blutes und der Lymphen, sowie Wandung des Herzens, der Blut- und Lymphgefäße, Nieren und Keimdrüsen mit den dazugehörigen Ausführungsgängen, Rindenanteil der Nebenniere, Milz;*

Entoderm – epitheliale Auskleidung des Gastrointestinaltraktes, Parenchym der Tonsillen, Schilddrüse, Nebenschilddrüse, Thymus, Leber, Pankreas, die epitheliale Auskleidung der Harnblase und Harnröhre, epitheliale Auskleidung der Paukenhöhle und Tuba auditiva, (Drüsen bis auf Hirnanhangsdrüse und Hautdrüsen); Ausnahme der Kopf: Großteil des Bindegewebes aus Neuralleiste, den Plakoden und der Prächordalplatte. Speziell Knorpelspangen der Schlundbögen aus Neuralleistenzellen),

übernimmt in diesem erfahrenen Erlebnis ihre Aufgabe und bettet es in den bestehenden erfahrenen Erlebnisraum ein und bewirkt -in die molekulare, atomare Struktur- Bewegungen der Elektroden. Jack Charon führt in seinem Buch „Der Geist der Materie" (1977) aus, daß die Elektroden das Erinnerungsbuch aller jemals gemachten Erfahrungen vom Anfang des Universums bis zur persönlichen, individuellen Erfahrung sind.

Ein Fernsehmoderator der frühen achtziger Jahren in der Sendung „Unser Kosmos", sagte:„wir sind aus Sternenstaub gemacht". Unsere Körper in ihrer Beschaffenheit geben die universalen und persönlichen Geschichten wieder und präsentieren sie.

Der Körper scheint der Garant zu sein, daß kein Ereignis vom Makro- und/oder Mikrokosmos verloren geht.

Was für eine Tatsache!

Jeder kann sich jetzt fragen, wie können die psychischen Warnsignale über Nationen und Kulturen hinweg verarbeitet werden?

Außer dem Tagesbewußtsein und seinen kognitiven Strukturen haben wir das Traumbewußtsein. In unserem Traumbewußtsein scheint es Ebenen zu geben, wo die Psyche, dem demokratischen Prinzip gehorchend, jedes Ereignis der uns erlebbaren Welt konsultiert. Es scheint das demokratische Prinzip der Psyche zu sein, daß kein Erlebnis und Ereignis der uns erlebbaren menschlichen Welt ohne vorherige Traumkonsultationen in Traumforen gemeinsam besprochen, diskutiert und vorbereitet wird.

Ein Beispiel: Als der russische Präsident Gorbatschow erstmalig mit seiner Frau Raissa nach Amerika reiste, träumte ich, daß ich ihn unterstützte. Ich glaube an seine Mission, den eisernen Vorhang zu öffnen. Dadurch wurde die Hoffnung in die Welt gesetzt, sich von dem politischen und ethischen Abgrenzen und Abschotten abzuwenden.

Tatsächlich ist in der Psyche, wie in den anderen beiden Welten (Körper und Geist), ein über das kleinste, persönlichste hinweg übergreifendes, alle und alles erreichendes Kommunikationssystem angelegt.

Psychische Warnsignale im persönlichen Bereich, z. B. dem Erfahren einer Ohrfeige und dem gefühlten Schmerz, rufen zur erhöhten Wachsamkeit des gesamten menschlichen Systems auf.

Dieses zieht sich auf der körperlichen Ebene als Schockreaktion zusammen.

Auf der geistigen, kognitiven Ebene und der psychischen aber ermöglicht ein innerer Prozeß eine Entscheidung.

Zunächst, um das psychische Warnsignal zu beantworten, den Schmerz zu heilen.

Dies tut die Psyche, der Geist und der Körper auf eine uns im Allgemeinen verborgenen Weise.

Die Selbstheilungskräfte der drei unterschiedlichen Systeme mögen aus der Kraft der Liebe bestehen, aus der sich auch die vier Seelenkräfte (s. S.6) rekrutieren.

Die Liebe im geistigen Bereich verarbeitet nicht, sondern öffnet das Bewußtsein für alle möglichen Bewertungssysteme, mögen sie noch so paradox und entgegengesetzt sein.

In dem universalen Gesetz des Dualismus, eine bewegende, fortschreitende Kraft, die in dem geistigen Gesetz von These und Antithese und Synthese philosophisch formuliert wurde.

Geistig ist der Schlag der Mutter in mein Gesicht das Gegenteil von Liebe und ich erfahre den Schmerz des Schlages als Antithese der mütterlichen Geborgenheit und Liebe.

Aber die Synthese mag lauten, daß ich vielleicht mein Verhalten überdenke und die Motive meines Verhaltens durch den mütterlichen Schlag als ein zu berichtigendes Verhalten anerkenne. Ich lerne,

mein Verhalten zu berichten, und damit das Liebesverhältnis zu meiner Mutter auf ein neues Entwicklungsniveau zu heben.

Auch wenn wiederholte Male dazu notwendig sind, heilen die geistigen Kräfte der hinwendenden Liebe den mütterlichen verletzenden Schlag und verbessern meine Überlebensfähigkeit. Meine Mutter andererseits, als Vertreterin des elterlichen Standpunktes wie des persönlichen und gesellschaftlichen Überlebens, findet die Kraft, den Schlag auszuführen, wieder aus der Liebe zu mir. Denn wäre ich ihr gleichgültig, würde sie mir gegenüber keine Empfindungen haben.

Die psychische Heilungskraft (Selbstheilung) in dem erfahrenen Schmerz des mütterlichen Schlages ist zunächst eine Katapultierung aus sämtlichen psychischen Gefühlsverbindungen. Tatsächlich sterbe ich in dem erfahrenen Schmerz psychisch, indem ich alle psychischen Verbindungen zu meiner Mutter in dem Moment der Schmerzerfahrung „verliere". Danach kehre ich in mein psychisches Gefühlssystem mit dem Gewahrwerden eines Konfliktes zurück. Ich bin zerrissen zwischen ohnmächtiger Wut und Schuldgefühl und dem psychischen Druck, handeln zu wollen. Die Liebeskraft zwingt mich zur Entscheidung, wie ich den Schlag bewerte. In der Regel zwingt die Selbstheilungskraft der Psyche mich, den Schlag als Korrektiv zu bewerten.

Durch die psychische Bewertung erfahre ich eine Selbstheilung.

Mein Inneres ist wieder ausgeglichen, in einem fließenden Gleichgewicht schwingend.

Anders bei psychischen Verletzungen, die nicht den Selbstheilungsprozess der Psyche folgen können, wo die psychische Verletztheit als offene Wunde ihre Bewußtseinskraft verliert und psychischen Infektionen Einlaß zum chronischen Verlauf ermöglichen.

Der Körper seinerseits kann die Attacke des Schlages schnell selbst heilen und bereinigen. Der Blutfluß, die Hormone, der Stoffwechsel, das endokrine System können den erfahrenen Schlag auf die Haut und das Bindegewebe und die Muskeln, eventuell auch die Erschütterung des Skeletts ausgleichen.

Aber die Psyche als direkter körperlicher Intimpartner bestimmt das Ende der körperlichen Selbsthilfe und Selbstheilung. Durch Ressentiments werden heimliche Verletzungsherde im Körper bereitgehalten und lauern als Erwartungsreaktionen.

Das als Streßphänomen bekannte Zustandsprogramm des Körpers hängt also von der psychischen Einschätzung und Bewertung des mütterlichen Schlages ab.

Das Immunsystem des Körpers präsentiert die Institution der körperlichen Selbstheilung.

Das Immunsystem wehrt im Vorfeld gesundheitlich gefährliche Attacken ab.

Wird dennoch das Immunsystem überwunden, weil anhaltende Streßbelagerung zuviel Immunkraft verbraucht, so hat der Körper selbstheilende Systeme,

die greifen wie z. B. das Fieber, der Eiter, das Koma.

Diese Selbstheilungssysteme müssen aber unterstützt werden durch geeignete und angemessene Hygienemaßnahmen, durch Fernhalten von weiteren Streßfaktoren, durch medizinische Hilfe wie Medikamente (Antibiotika), chirurgische Maßnahmen, z. B. Amputationen.

Wodurch wird wiederum die Selbstheilungskraft der Psyche unterstützt?

Wie bereits ausgeführt durchströmen vier Grundkräfte die Seele:

a) die kreative Kraft
b) die Freiheitskraft
c) die Unabhängigkeitskraft
d) die Verantwortungskraft

Das harmonische Zusammenspiel dieser Kräfte, ohne daß eine oder mehrere Kräfte blockiert, unterdrückt oder gar ausgeschlossen werden, bilden das psychische Immunsystem.

Sind diese Kräfte in ausgewogener, fließender Harmonie gegenwärtig und erstarren durch kein Glaubenssystem, schließen weder eine Grundkraft aus noch isoliert sich eine, so haben wir ein belastbares, stabiles und gleichzeitig entwicklungsfähiges, spontanes psychisches System, das gesund und freudig den Lebensaufgaben erfüllend dient.

Die psychische Verletzung der Verantwortungskraft (bei Depressionen), ihr Ausschließen (bei Kriminellen) oder ihre Blockierung (bei neurotischen Menschen) ist für unsere derzeitige Zivilisation bezeichnend und verheerend.

Diese Verantwortungskraft ist das Skelett eines jeden Gedanken, eines jeden Gefühls, einer jeden Handlung. Diese Verantwortungskraft ist ein ewiges Gut unserer lebendigen Veranlagung. Im Paradies lebte diese seelische Kraft in fließender Harmonie zu den anderen geschwisterlichen Grundkräften, bis sie im so genannten Sündenfall unterdrückt wurde.

Schaut der Betrachter wie Sie, lieber Leser, die biblische Geschichte des Sündenfalls, des Apfels, unvoreingenommen an und mit den Augen eines Kindes, so erzählt die Geschichte von der unendlichen Liebe des Schöpfers zu seinem Geschaffenen.

Ist es nicht der höchste Ausdruck von Liebe und Anerkenntnis, wenn ich so sein will wie der, den ich liebe? Wenn z. B. die große Liebe in das Leben eines Menschen tritt, ist sie nicht immer über alle Andersartigkeiten hinweg von Erziehung, Bildung, Kultur, Alter das Gefühl und das Gewahrsein, der oder die ist wie ich?!

Wieso sollte diese große Liebe von Adam und Eva zu Gott Anlaß eines Zerwürfnisses, einer Trennung, einer Verstoßung sein?

Nein!

Eher scheint es, daß Gott in all seiner unfassbaren Güte und Liebe und Großzügigkeit dem Menschen, seinem geschaffenen Ebenbild, ein Geschenk gab für diese menschliche Liebe und diese menschliche Zielsetzung, so sein zu wollen wie ER.

ER gab den Menschen ein Gefühl tief in seinem Herzen von Gut und Böse, von Richtig und Falsch, ein Gewissen und das Gefühl von Schuld.

Aber ER gab auch die Freiheit und Unabhängigkeit.

Wir dürfen nach dieser biblischen Geschichte frei und unabhängig über das Schuldgefühl und das Gewissen deutlich gemachten göttlichen Rat hinweg entscheiden.

Wir sind frei uns für das Richtige oder das Falsche zu entscheiden.

Die Verantwortungskraft der Seele schwingt in der Psyche je nach der Entscheidung des Menschen.

Diese ewige Verantwortungskraft schwingt und ist in einem gesunden lebendigen psychischen System weder starr noch blockiert, noch ausgeschlossen.

Allerdings ist diese Kraft seit dem vorigen Jahrhundert zutiefst durch die psychischen Verletzungen ersten und zweiten Grades behindert.

Wie konnte es sonst zu zwei Weltkriegen, zu einem Holocaust oder gar zu Atombomben kommen?!

Wie ist es sonst zu anhaltenden, kriegerischen Auseinandersetzungen gekommen?!

Kriegführende Seiten und die dabei involvierten Staaten verlassen das verantwortliche psychische Kraftfeld. Sie verlieren Bewußtseinskraft zur Lösung ihres Problems.

Jeder Vorwurf an den Anderen sollte erstmals (wie die Kinder sagen) an sich selbst überprüft werden.

Wie sagen Kinder, wenn sie Spott oder verbalen Angriffen ausgesetzt sind?

„Selber, selber lachen alle Kälber."

Wenn sich Liebende streiten, wenn Eltern ihre Kinder verstoßen, wenn Freunde auseinanderlaufen, dann senkt sich regelmäßig die seelische Verantwortungskraft und der Mensch schreit nach Freiheit und Unabhängigkeit, fühlt sich verletzt, bedroht, bedrängt. Aus welchen Gründen auch immer kollabieren die Selbstheilenden Kräfte des Immunsystems der Psyche.

Und dann, bevor Entscheidungen des psychischen Überlebens getroffen werden, sollten die Betroffenen ihre psychischen Wunden erst erkennen und dann behandeln!

Und in diesem Buch, lieber Leser, wünsche ich mir nichts Sehnlicheres, als Ihnen dies nahe zu bringen, so dass Sie mit Hilfe der hier vorgestellten psychischen Hygienemaßnahmen Ihren psychischen

Selbstheilungsprozess unterstützen und erfolgreich begleiten!

Unabhängigkeit und Freiheit, ohne die wichtige Verantwortungskraft, läßt auch die kreative Lebenskraft erschlaffen.

Die Folge ist, wir verlieren als Menschen Visionen des gemeinsamen irdischen Überlebens.

Wir zerstören unwissentlich den Ast, auf dem wir sitzen. Blindwütig. Damit sollte Schluß sein.

„Enough is enough!"

Zweites Zwischenspiel

Als ich meine Gastgeber suchte, fand ich beide über Haushaltsfragen gebeugt in der Essplatzecke ihrer Pantry-Küche, wo der angrenzende Living Room von einer Veranda mit Fenstern umrandet wird.

Oh, ich glühte nach einem Austausch über mein Buch und sagte: Würden Arafat und Sharon, aber auch Bush, die in meinem Buch erläuterten Techniken anwenden, würde ihre Bewusstseinskraft wiederhergestellt sein und eine „Solution", eine Lösung, des Nah-Ost-Konfliktes wäre möglich.

Wie das, empörte sich John, der General, mein Gastgeber. Er fügte ironisch hinzu: Du müßtest sofort Kontakt zu Arafat, Sharon und Bush aufnehmen, um ihnen dies zu erläutern.

Von der Wucht seiner argumentativen Empörung geschlagen, hielt ich dennoch stand. Ja, sagte ich, diese Technik würde voraussetzen, daß jeder, der Entscheidungsträger ist, erst einmal seine persönliche, private, individuelle psychische Verletztheit erkennen und verarzten muss. Dann würden sie die politischen, überlebensfähigen Entscheidungen

kraft ihrer wieder zurückeroberten Bewußtseinskraft treffen!

Joan verschwand ins hintere Schlafgemach -

John stand vor mir, ungläubig, spottend. Noch niemals hätte irgendeine Entscheidung in dieser Welt eine Lösung bedeutet.

Als er, John im Vietnam-Krieg entscheiden mußte, daß Menschen sterben müssen, damit andere leben können, wäre dies mitnichten eine Lösung gewesen. Überhaupt ist der Mensch eine egoistische Kreatur, die Entscheidungen nur zum eigenen Wohle trifft, ohne eine überlebensfähige Lösung für alle wahrnehmen zu können oder zu wollen.

Wieder wurde ich von der Wucht seiner Aussage tief erschüttert. Ich konnte nur leise meinen tiefen Respekt seiner Person gegenüber äußern, die solche Entscheidungen im Vietnam-Krieg treffen mußte. Aber, fügte ich hinzu, wird nicht jede Entscheidung, die gute, die böse, die unwissende, mit einem Kern von Wissen um die umfassende, alles tragende Macht der Liebe, der Urkraft allen Lebens und Nichtlebens, gestaltet?!

Nun wiederum verwirrte mich John mit dem Hinweis, decision and solution, Entscheidung und Lösung seien völlig unterschiedlich Bedeutungen und könnten nicht in einem Atemzug als Bedeutung akzeptiert werden.

Ich war zutiefst in meiner psychischen Verletztheit ersten Grades und auswirkend zweiten Grades betroffen (oder war das eine Spiegelung von Johns verletzter Durchsetzungskraft?!). Jedenfalls ließ ich mich verwirren, denn mein Englisch ist nicht so gut, und decision und solution gebrauchte ich in einem Sinn.

Daß dies kein direkter Fehler war, sondern mir intuitiv als die Definition einer Entscheidung klar war, fiel mir erst Stunden später ein. Jede Entscheidung ist zunächst eine Lösung vom vorgefundenen Zustand. Die Implikation von John, eine solution, eine Lösung, ist zugleich eine glorreiche, positive Wende, war in seinem Denken unmöglich. Denn der Mensch ist nach seiner katholischen Auffassung ein Sünder, unvollkommen, der Sünde gegenüber offen.

Jetzt erholte ich mich und sagte: Christus, der die Botschaft der Liebe als Lösung für das menschliche Überleben verkündete, mußte auch erst zehn Jahre seine psychische Verletztheiten verarzten, um die Bewußtseinskraft für diese solution, für die Botschaft der Liebe verkünden zu können.

Aber, widerlegte John, Christus war und ist eine göttliche Persönlichkeit. Richtig, erwiderte ich, aber geboren als Mensch, mußte er als solcher leben und mußte seine damit verbundenen psychischen Verletztheiten überwinden, um sein göttliches Wesen aus seiner wieder gesundeten Psyche und der wieder gefundenen Bewusstseinskraft heraus in der Botschaft der Liebe auszudrücken.

John mußte an seinen Schreibtisch, um anstehende Telefongespräche zu erledigen. Ich wollte ihn darin nicht behindern. Sich abwendend gab er nun zu, dass die Seele göttlichen Ursprungs sei, aber dass meine Aussagen provokant seien und keinesfalls Arafat, Sharon oder Bush helfen könnten, den Nah-Ost-Konflikt zu lösen.

Damit ging er nach oben zu seinem Schreibtisch.

Da ich von Natur aus gerne verbindlich bin, war ich froh, wenigstens die Anerkenntnis für mein „provokantes Vorgehen" erreicht zu haben. Dabei hatte ich nicht einmal zehn Prozent meines Vorgehens präsentiert, und so verwundet wankte ich zu Joan. Hochrot, erregt und betroffen entschuldigte ich mein Eindringen in ihre Schlaf- und Ruhestätte. Sie lud mich ein und verzieh mir.

Ich versuchte sie teilhaben zu lassen, was John und ich diskutierten hätten. Sie aber fragte mich: Wie gehst du mit Zurückweisungen um? Was machst du mit dem Schmerz des Ablehnens?

Ich verstand sie zunächst so, in Bezug auf meine Patienten, wenn sie mich angreifen und ablehnen, was ich dann mache.

Ich sagte ihr wahrheitsgemäß, daß ich meine Patienten in ihrem Kommunikationsbogen zu mir unterbreche und sie nach ihrem körperlichen Zustand dabei befrage. Denn gewöhnlich, erläuterte ich Joan, erlebe ich bei diesen Attacken, daß an irgendeiner Stelle meines Körpers Schmerzen auftreten. Und da ich mich in meiner Arbeit als „Spiegel, Mirror" betrachte, würde ich psychotherapeutisch sofort

diesen verletzten psychischen Zustand ins Bewußtsein des Patienten erheben. Denn der Körper dient als Projektionsfläche der psychischen Verletztheit und ich würde entsprechend an den schmerzenden Stellen oder dem Unwohlsein sich fühlenden Körperteil die Technik mit Konzentration, Eindringlichkeit, Nachdruck und Wiederholung machen, bis der körperliche Zustand der Teil des Körpers, der sich nicht wohl fühlt gelöst ist, und sich in der Regel eine warme, strömende Gefühlswahrnehmung deutlich macht.

Ja, sagte Joan, sie wüßte, daß dies die psychische Heilungskraft ankündigt und begleitet. Erleichtert nahm ich zur Kenntnis, daß sie mir, insoweit folgen konnte. Aber sie wiederholte ihre Frage, wie ich mit Angriffen und Verleumdungen umgehe.

Da begriff ich, daß sie mich persönlich meinte. Nun, erwiderte ich: Das kommt bei mir in der Regel nicht vor, das kenne ich nicht, weil ich sofort die psychische Verletztheit verarzten würde, ohne zur Kenntnis zu nehmen, daß ich angegriffen oder verleumdet wurde.

Jetzt wurde Joan deutlich, sie fühle sich oft von anderen Menschen, auch ihrer Familie nicht angenommen und unverstanden.

Ich fragte, welches Gefühl in welchem Körperteil dabei entstehe. Ob es im Kopf, im Bauch, im Hals sei.

Sie erklärte, dies wäre ein Schmerz in ihrer Brust, im Herzen.

Nun, sagte ich, und schloß meine Augen, gleich die Technik bei ihr anwendend und ihr zeigend: Ich werde mich auf diesen Körperteil konzentrieren und den Satz „Ich zerschlage den Spiegel der Selbstbetrachtung." wie eine Bombe in der Brust und im Herzen explodieren lassen. Und dies so lange, bis das Gefühl des Schmerzes weicht.

Das war zuviel für Joan. Sie kletterte aus ihrem Schlafbett, Himmelbett, legte das Tablett mit dem benutzten Geschirr zur Seite, ging in ihren Baderaum und meinte, sie müsse einige Schritte gehen. Sie wollte spazieren gehen.

„Darf ich Dich begleiten", fragte ich, denn ich wollte einerseits unbedingt an die frische Luft, andererseits wollte ich so nicht auseinandergehen.

Ich lief herunter, machte ordentlich und akkurat mein Bett. Ich will in den Augen des Generals und seiner Frau die Ordnung achten und ehren. Joan kam mit Sonnenbrille und Jeans bereits die Treppe herunter und meinte, wir können über die von mir geöffnete Terrassentür hinaustreten. Ich beeilte mich, denn die unruhige Joan wollte schon zur Straße gehen, und ich kannte den Weg noch nicht. Wir gingen in das gleißende mittägliche Sonnenlicht hinaus. Die Luft war feucht aber sonst klar und schier wolkenlos der Himmel. Wir redeten und ich hörte den knappen Atem von Joan und sagte, daß wir nicht sprechen müssen.

Auf der sonst menschenleeren Straße begegnete uns eine Joggerin im blauen Trainingsanzug, die stumm, ohne Blick die Straße entlanglief. Joan er-

wähnte, daß diese unglückliche Frau jeden Job verliert, weil sie zuviel reden würde. So, als wolle sie bei ihrer Arbeitsanstellung durch ihr vieles Reden ihre Versagensängste überdecken. Und es sei gut, daß sie uns nicht gesehen hat, man würde sie sonst nicht so schnell loswerden.

Beim Zurückgehen desselben Weges machte mich Joan mit einem Geheimnis ihres kranken Mannes bekannt, das ich ihm gegenüber nie erwähnen sollte. Ihr Mann träumte, zu Hause zu sein und die Erkenntnis, er müsse leiden und Schmerzen haben, damit andere leben können, wurde ihm zur Gewißheit. Die Eheleute gingen zu einem Psychologen, der gleichzeitig Priester war, und der machte ihnen deutlich, daß John überlebt habe, von dem Vietnam-Krieg zurückgekommen sei, und daß dieser Traum nichts weiter bedeuten würde.

Ich warf ein, daß allerdings eine tiefe Botschaft in dem Traumbild zu entdecken wäre. Daß die göttliche Prüfung im Schmerz die sei, daß selbst dann Gott uns seine Nähe wissen lassen will. Daß aber Christus selbst unter dem Schmerz am Kreuze ausrief: „Mein Gott, warum hast du mich verlassen!".

Daß selbst Christus nicht die Bewußtseinskraft im Schmerz aufbringen konnte, daß sein himmlischer VATER immer jeden Moment bei ihm ist, also auch im tiefsten Schmerz und dass selbst Christus diesen Beweis göttlicher Liebe nicht erfassen konnte, sondern in Zweifel geriet.

Ich hielt Joan an, weil mich diese aus erzähltem Traumbild strömende Erkenntnis zutiefst erfüllte.

Ja, ich hielt Joan am Arm und sagte: Du musst deinem Mann, wenn das Thema es zuläßt, darauf hinweisen! Damit er seine Freiheit wiedergewinnt (!), vervollständigte Joan meinen Satz.

Ja, sagte ich, tief erleichtert und begeistert über ihre Fähigkeit, mitzudenken. Ja, du mußt ihm diese Bürde nehmen, seine Lungen sollen heilen dürfen.

Ach, sagte Joan traurig, die Ärzte haben gesagt, daß die Lungenbläschen erschlafft sind und ihre Funktion für alle Zeiten damit erloschen sei.

Aber, rief ich, er muß ein Wunder, ein Mirakel, erleben dürfen. Dazu muß er aber bereit sein und sich selbst die Erlaubnis geben und dies kann er nur, wenn er sich aus der Verstrickung befreien, nur durch Pein und Schmerz sei er Gott nahe und würdig, nahe zu sein, „damit andere leben können"! Denn wenn andere leben sollen, so muß er als Lebensquell sprudeln dürfen.

Halleluja!?, tönte es gerade aus dem Radiosender, den Joan für mich eingestellt hat, während ich das schreibe.

Während dieses für Joan und mich, sehr aufregenden Spazierganges sah ich Joan nach unten auf den Gehweg starren. Er war auf der rechten Seite aus steinernen Platten mit großen Kieselsteinen abgeschlossen und auf der linken Seite waren angrenzend zur Straße gerichtete Privathäuser mit allen Vorgärten, die sich in einem grau-grün des gleißenden Sonnenlichtes klar erhoben. Joan rief: Ach, mein Ohrring.

Tatsächlich lag da mitten auf dem Gehsteig der goldene offene Halbkreis des metallenen Schmukkes.

Völlig überrascht nahm Joan ihn auf und fühlte an ihr rechtes Ohrläppchen, wo sich der Durchstecker gelöst hatte. Verzweifelt strich sie mehrmals über das rechte Ohrläppchen und drehte den aufgehobenen Ohrring in ihren Händen, so als könne sie die Weisheit dieses unvermuteten Ereignisses erfühlen, ertasten.

So kehrte sie in den Besitz ihres Schmuckes zurück ohne das Wissen, ihn verloren zu haben.

Der Spaziergang endete mit dem von mir aufgegriffenen Thema, daß die Liebesfähigkeit des Mannes viel tiefer sei, als Frauen oft gewahr werden.

Daß Frauen zwar viele Worte über Gefühle haben, mit Gefühlen leichter umgehen können als Männer – aber wenn John kein Hobby habe, keine Leidenschaft und, wie ich meinte, nur Joan als Hobby und Leidenschaft lebt, sollte sie als seine Ehefrau über dieses Geschenk ihr Herz öffnen, statt sich eingeengt und umklammert zu fühlen, wie sie klagte.

Denn wenn sie diese Gefühlskraft seiner Liebe in ihr Herz strömen lassen könnte, anstatt zu beklagen, daß er kein Hobby oder Leidenschaft pflege wie sie das Malen, könnte sie ein tieferes Erleben der gemeinsamen Liebe möglich machen.

Ja, sagte sie, wie kann ich auch sonst leben, 21 Jahre lebte ich in Schottland, 11 Jahre in Deutsch-

land und der gesamte lange Rest in Amerika hier in der Heimat meines Mannes.

B1 **E**rste-Hilfe-Technik für die psychische Verletzungsart ersten Grades

Die hier für meine Leser vorgestellte psychologische Erste-Hilfe-Technik habe ich dem Buch von Carlos Castaneda 1998 „Tensegrity, magische Bewegungen" entlehnt.

Bereits seit den frühen siebziger Jahren wurden seine Bücher, u.a. „Die Reise nach Ixtland", für mich bedeutungsvoll.

Als amerikanischer Anthropologe wollte Carlos Castaneda in den sechziger Jahren eine Doktorarbeit über den Gebrauch des Peyote-Pilzes (ein Halluzinogen) bei indianischen Ritualen schreiben. Er lernte den Indianer Juan Matuz in Mexiko-City kennen. Dreizehn Jahre lang unterwies ihn Juan Matuz in dem Glaubenssystem und der Kulturpraktiken der Kraftkultur der Yaqui-Indianer. Carlos Castaneda schrieb alles auf und veröffentlichte nach und nach sein gesammeltes Wissen.

Beim Lesen seiner Bücher wurde mir klar, daß hier in dieser Kraftkultur eine überzeugende und einfache Klarheit bestechend dargestellt wurde. Das mir bekannte Zentrum dieser Kraftkultur bewegte sich um die Frage:" Wie kann ich überleben?" D. h. wie

kann ich den Tod, der alles und allem, was lebt (und nicht lebt), ein irdisches Ende setzt, so in seine Schranken weisen, daß ich überlebe. Der Tod macht uns alle gleich, Pflanzen, Tiere, Menschen aber auch Steine und Anorganisches. Daraus zieht diese Kultur ihren tiefen Respekt vor allem und jedem was lebt und nicht lebt. Die Art und Weise, wie der Tod, der als beständiger „Ratgeber" an der linken Seite des Menschen sei, als Ratgeber für Entscheidungen und als Kraftgeber für Anstrengungen genutzt wird, faszinierte mich. Für mich als Psychologin waren einige dieser vorgestellten Kulturtechniken enorm wichtig. Ich versuchte sie anhand der Beschreibungen seiner Bücher einzuüben und sie begleiten seitdem mein Leben, privat wie beruflich auf sehr effektive Weise. 1998 nun, kurz vor dem Tod von Carlos Castaneda am 24.04.1998, erschien das letzte Buch aus dieser Serie. Und aus diesem Buch "Tensegrity, magische Bewegungen" gewann ich für unsere Psyche so wichtige Hinweise, daß ich sie seitdem zu einer psychotherapeutisch nutzbaren Technik zusammengefaßt habe.

Die einfache Aussage bestach mich, daß psychische Verletzungen, genauso wie körperliche Verletzungen, verarztet und behandelt werden müssen. Der Grund dafür liegt in einer Darstellung, die unsere Zivilisation sicher nicht begreifen will, und kann. Gekleidet in die Kraftkultur der Yaqui-Indianer werden die psychischen Verletzungen im Rahmen von magischen Aspekten dargestellt. Ähnlich werden in der christlichen Kultur die psychischen Verletzungen als Sünde und Schuld dargestellt. Aber Fakt ist,

daß psychische Verletztheiten existieren. Täglich begegnen wir im Angesicht unseres verletzbaren Lebens Frustrationen, Angriffen oder Versagungen.

Die Psyche als offenes Organ ist durch die Verletzbarkeit darauf angewiesen, daß diese erkannt und verarztet werden.

Da die Psyche ein immaterielles Organ ist, kann die Verarztung, wenn sie denn direkt erfolgen soll und muß, auch nur aus immateriellen Praktiken und Techniken bestehen (analog dem Bild, daß ein Diamant nur durch einen Diamanten geschliffen – verändert, beeinflußt – werden kann).

Ohne die Erfolge der pharmakologischen Industrie angreifen zu wollen, ist das psychische Desaster, was bei häufiger psychopharmakologischer Einnahme entsteht, unbestritten. Immer wieder konnte ich in meiner fast dreißigjährigen Berufszeit beobachten, wie die psychischen Verletzungen unter der chemischen Verpflasterung unbeeinflußt weiter wucherten. Umso wichtiger erschien mir nun die Möglichkeit, direkt im psychischen Verletzungsraum operieren zu können.

Kommt in meine Praxis ein depressiver, ängstlicher Mensch und bittet um Hilfe, möchte ich erst erfahren, wann dieser beklagte Zustand erstmals auftrat. Meist redet der um Hilfe Fragende so intensiv darüber, dass aus der Erinnerung heraus die verletzten Gefühle körperlich präsentiert werden.

In den seltensten Fällen, z. B. wenn Patienten bereits Erfahrungen mit Meditation, asiatischen Techniken oder als sportlich Engagierte gelernt haben,

mit ihrem Körper umzugehen, können sie wahrnehmen, an welcher Körperstelle sich ihre verletzte Psyche ausdrückt. Häufig erlebe ich für mein Gegenüber, für meinen Patienten, den verletzten körperlichen Bereich und kann dann daraufhin einwirken, daß der Ratsuchende Patient seine verbalen Erläuterungen unterbricht. Ich fordere ihn dann auf, mir seinen körperlichen Zustand zu beschreiben.

In der Regel sind die meisten überrascht. Sie wissen nicht, was ich meine. Es wird dann zunächst geübt, den jeweiligen Körperzustand zu beschreiben.

Übung 1

In den nächsten drei Wochen finden Sie bitte einmal täglich für einige Minuten Zeit, sich die Mühe zu machen, herauszufinden wie sich Ihr Körper anfühlt. Stellen Sie sich vor, Sie gehen wie ein Nachtwächter mit einer kleinen Lampe im Inneren Ihres Körpers herum. Fangen Sie bei den Füßen an.

Versuchen Sie in Worte zu kleiden, wie sich Ihre Füße von innen anfühlen. Folgende Einschätzung ist anfangs hilfreich:

warm - kalt
leicht - schwer
angenehm - unangenehm
ruhig - unruhig

Haben Sie für die Füße festgestellt, wie sie sich anfühlen, dann wandern Sie die Waden hoch. Auch hier überprüfen Sie, wobei Sie noch hinzu setzen können:

entspannt - angespannt

Des Weiteren bitte ich, die Knie zu überprüfen.
Die Oberschenkel.
Das Becken, das Gesäß.

Den Bauch, den Rücken, die Brust, die Schultern, den Nacken, die Arme, den Kopf.

Diese Übung 1 bietet Ihnen die Gelegenheit, ein wahrnehmendes Kommunikationsnetz zu Ihren Gefühlszuständen und Ihrem körperlichen Ausdruck herzustellen. Dieses Kommunikationsnetz ist außerordentlich wichtig. Denn wenn Sie die psychische Verletztheit nicht lokalisieren können, wie wollen Sie sie verarzten?! Sie kleben ja auch nicht das Pflaster irgendwohin, sondern an die Stelle, wo Sie sich geschnitten haben.

Also frischen Mutes, denn das Gewahrwerden Ihres Körpers und das Lokalisieren einzelner Gefühlszustände im Körper ist ausgesprochen wichtig und nützlich. Allzu weit weg von den alltäglichen Beobachtungen ist diese Übung 1 nicht. So reden wir von „Schmetterlingen im Bauch", wenn das Gefühl des Verliebtseins vorhanden ist.

Bitte glauben Sie nicht, diese Übung 1 überspringen zu können, weil Sie glauben, sich und Ihren Körper zu kennen! Gehen Sie davon aus, daß Sie diese Kenntnis über Ihren Körper erweitern und trainieren, dann wird die psychische Hygiene in Form des Verarztens Ihrer psychischen Wunde ersten Grades um so erfolgreicher gelingen.

Tatsächlich konnte ich in den vergangenen vier Jahren beobachten, daß Patienten, die nicht den Weg fanden, Gefühlszustände im Körper zu lokali-

sieren, in der Regel von dem Erfolg dieser neuen überzeugenden psychologischen Erste-Hilfe-Technik ausgeschlossen blieben.

Eine junge, hübsche Patientin mit dunklen Locken und schlanker Figur kam wegen Angstzuständen, Hilflosigkeit und Bulimie.

Über ein Jahr Psychotherapie brachte kaum eine Veränderung in ihr Leben. Die Ängste hielten sich, ihre Hilflosigkeit blieb, nur das bulimische Verhalten löste sich auf.

Wenn Ängste und Hilflosigkeit sich im Gefühl des beklemmenden Versagens oftmals und auch bei dieser Patientin zusammentreffen, rate ich zu der psychologischen Erste-Hilfe-Technik der psychischen Verletzungsart ersten Grades. In dem Gefühl von Angst und Hilflosigkeit hin zum beklemmenden Gefühl des Versagens sah ich eine im Fundament der Persönlichkeit des Entwicklungsraumes aus dem ersten Lebensjahr befindliche chronische psychische Verletzung.

Zunächst ließ ich mich von dem Verschwinden der bulimischen Anfälle insofern täuschen, als ich glaubte, die Patientin habe die psychologische Erste-Hilfe-Technik voll begriffen und würde sie selbst anwenden. Umso mehr war ich überrascht, als sie schließlich nach über einem Jahr nachfragte, wie sie denn die psychologische Erste-Hilfe-Technik anwenden solle -.

Sie berichtete, sie sage vor sich hin: „Ich zerschlage den Spiegel der Selbstbetrachtung.", dann ließ sie in ihrer Phantasie einen Spiegel zu Bruch gehen.

Das war's. Das war's auch mit dem Erfolg. Angst und Hilflosigkeit blieben unbeeindruckt und unbeeinflußt stark in ihrem Erleben präsent.

Im psychischen Erste-Hilfe-Kasten wurde das „Medikament" für die Verarztung der psychischen Verletzungsart ersten Grades ohne lokalen körperlichen Einsatz und ohne Konzentration, ohne Nachdruck und Wiederholung (bis der Zustand von Angst und Hilflosigkeit aufgelöst wird) angewandt.

Vergleichbar mit dem Desinfizieren eines Körperteils, ohne die Wunde zu berühren und zu säubern.

Beim weiteren Überprüfen ihres Vorgehens stellte sich heraus, daß sie kaum den Zusammenhang von Gefühlszustand und Körperausdruck begriffen hatte und insofern auch niemals einen Gefühlszustand im Körper lokalisierte.

Also begannen wir beide noch einmal von vorn.

Sie übte mit mir gemeinsam Zustände von Angst und Hilflosigkeit im Körper zu lokalisieren.

Zunächst glaubte sie, dies als Beklemmung im Brustbereich lokalisieren und erkennen zu können.

Also konzentrierte sie sich unter meiner Anleitung auf den Brustbereich. In Gedanken formulierte sie den Satz:„Ich zerschlage den Spiegel der Selbstbetrachtung!". Dieser Gedankensatz wurde in ihren Brustbereich geschickt, - wie eine Injektion- und sie ließ ihn dort kraft ihrer Phantasie explodieren, wie eine Bombe, wie ein Feuerwerk zum Sylvester oder wie eine Brandungswelle, wenn sie auf den Strand schlägt. Welches Kraftbild jeweils am stärksten ist,

das nahm sie. Aber selbst wenn die Phantasiekraft nicht ausreicht, reicht es den Gedanken zu denken, daß der Satz „Ich zerschlage den Spiegel der Selbstbetrachtung!" explodieren soll.

Die Psyche ist wie ein Computer. Dieser Satz und das dazugehörende Bild wirken wie ein Passwortsatz. Psychisch wird dann in dem Moment der Anwendung ein psychisches Desinfektionsprogramm ausgelöst. Dieses reinigt die psychische Verletztheit ersten Grades, auch wenn sie noch so tief und chronisch ist. Das unterstützt wiederum die Selbstheilungskraft der Psyche, so dass ein Heilungsprozeß initiiert wird. Tatsächlich wird bei entsprechend notwendiger Wiederholung der psychologischen Erste-Hilfe-Technik ein Wärmegefühl ausgelöst. Dieses Wärmegefühl signalisiert untrüglich, daß die Selbstheilungskraft der Psyche wirksam ist.

Das Wärmegefühl kann unterschiedlich im Körper erscheinen, manchmal die Wirbelsäule entlang oder im Gesäß oder in den Füßen oder im Bauch. Immer ist es ein angenehmes warmes Gefühl.

Oftmals erscheint es ermüdend, die psychologische Erste-Hilfe-Technik wiederholt einzusetzen. Hierbei erscheint es wohltuend, genau beim Anwenden des Satzes und des Bildes zu überprüfen, ob der unangenehme Gefühlszustand

   a) unverändert geblieben ist
   b) sich geringfügig verändert hat oder
   c) gänzlich verschwunden ist.

Diese beobachtende Kontrolle ist außerordentlich nützlich. Daraus gewinnt der Anwendende Motivation, die Wiederholungen, wenn nötig, durchzuführen.

Manche psychische Verletztheit ersten Grades erscheint unbehandelbar.

Dem ist nicht so!
Jede noch so chronische psychische Verletztheit ersten Grades ist behandelbar.

Bei der hier vorgestellten Patientin schien zunächst die Angst und Hilflosigkeit unbeeinflussbar. Ihre beklemmenden Gefühle in der Brust waren psychische Verletztheiten ersten Grades.

Nach wenigen Wiederholungen, wobei aus Erfahrung eine Pause nach drei hintereinander angewandten Wiederholungen hilfreich ist, verschwand das beklemmende Gefühl. Diese Pause sollte durch mehrmaliges, tiefes Bauch- bzw. Unterbauchatmen, d. h. in den Unterbauch hineinatmen, durchgeführt werden. Dann gelingt die erneute Konzentration und der notwendige Nachdruck wieder. Die Patientin erfuhr nach einigen Wiederholungen und zwei bis drei Pausen, wie ihre Brust warm wurde. Dies war eine sehr wichtige Erfahrung für sie. Allein, selbst zu bewirken, die Angst- und Hilflosigkeitsgefühle zu beeinflussen, ist eine ungeheuer erleichternde Erfahrung. Allerdings reicht sie nur für einen kurzen Zeitraum.

Immer wieder muß der Zustand der psychischen Verletztheit ersten Grades erkannt werden. Anschließend muß die Verarztung stattfinden. Diese Methode muß solange mit Nachdruck wiederholt werden, bis der psychische Verletzungszustand ersten Grades nicht mehr in dem Gefühl von Angst und Hilflosigkeit als beklemmendes Brustgefühl wahrnehmbar ist.

Manchmal bleibt das Wärmegefühl als sicheres Zeichen des Einsetzens der psychischen Selbstheilungskraft aus. Dennoch wirkt der Satz.

Wichtig ist, daß durch wiederholtes Einsetzen des Satzes: „Ich zerschlage den Spiegel der Selbstbetrachtung!" und das Explodieren dieses Satzes in der körperlich lokalisierten Stelle der Gefühlszustand und das körperlich unangenehme Gefühl beendet werden.

Die Berührung der psychischen Verletztheit ersten Grades ist mit dem Passwortsatz und dem Befehl eines anschließenden Explodierens dieses Satzes in dem unangenehm empfundenen Körperteil wirkungsvoll.

Wieso dies möglich ist, möchte ich versuchen, im letzten Teil des Buches zu erläutern. Vorwegnehmend möchte ich daraufhin weisen, daß nach Einsteins bahnbrechenden Erkenntnissen der zwanziger Jahre des vorigen Jahrhunderts eine Hinwendung zum Mikrokosmos, den atomaren und subatomaren Teilen bereits in der Quantenphysik der sogenannte Beobachtungseffekt gefunden wurde.

Dieser Beobachtungseffekt beinhaltet, daß in dem Moment der Beobachtung eines subatomaren Teilchens, z. B. eines Photons, dieses Teilchen seinen Zustand ändert! Aus einem Teilchen wird eine Welle! Eine ungeheuer aufregende und bedeutungsvolle Beobachtung.

Meines Erachtens ist bei dieser psychischen Hygienetechnik aus dem Wissensgut der Yaqui-Indianer, ein ähnlicher Vorgang zu sehen. Durch die direkte Konzentration, mit Nachdruck ausgeführte „Beobachtung", d. h. Beeinflussung des psychisch verletzten Zustand ersten Grades ist eine direkte Veränderung des kranken psychischen Zustandes möglich! Der Inhalt des Satzes und die Hinzufügung einer Explosion des Satzes als Bild ist ein von der Kultur der Yaqui-Indianer entwickeltes Programm.

Wie viele Jahre, Jahrzehnte oder Jahrhunderte die Entwicklung dieses Bildes und Satzes brauchten, entzieht sich meiner Kenntnis. Wir können jedoch davon ausgehen, daß diese einmalige Kraftkultur Jahrhunderte brauchte, um ein solches Ergebnis zu finden.

Dass unsere Kultur bisher *dieses* mögliche psychische Agieren auf psychische Verletzungen nicht selbst gefunden hat, ist meines Erachtens nicht schwerwiegend. Dafür wurden andere „Reinigungsrituale" entwickelt. In der griechischen Tragödie spricht man von der „Katharsis" (griechisch für Reinigung) als Zuspitzung und Lösung (Sprengung, Zerschlagen) von Konflikten.

Neu bei dieser Methode der Yaqui-Indianer ist die direkte Einflussnahme auf die Bewusstseinskraft. Durch den Einsatz die Passwortsätze wird an den psychischen Verletzungen der Verlust der Bewusstseinskraft aufgehalten

Denn nachdem die Wissenschaft die „Schattenwelt der Quantenmechanik", (mit der Unschärferelation nach Heisenberg - John D. Barrow „Anfangsbedingungen" aus dem Buch „Die Würfelspiele Gottes" Sachbücher Heyne, 1994, Seite 173) kennenlernen durfte, ist möglich, dass „nicht jede einzelne Beobachtung mit einer Ursache verbunden (sein muß)".

Im psychischen Kontext heißt dies für mich, daß alle möglichen Ursachen für eine Beobachtung, z. B. eine psychische Verletztheit, möglich ist. So kann eine christlich-westliche Kultur, die unsere Zivilisation begründete, für die psychische Verletzung eine andere Ursache erklären oder interpretieren. Z. B., dass die Menschen nach dem selbstverschuldeten (Selbstentschiedenen) „Sündenfall", dem Verzehren der verbotenen Frucht vom Baum der Erkenntnis, den Verlust des Paradieses in Kauf nahmen. Seitdem wir unsere Nacktheit, d. h. Verletzbarkeit (von Körper, Geist, Seele) gewahr wurden, sind wir bemüht diese Nacktheit, Verletzbarkeit zu bedecken, mit einem Blatt über den Genitalien (der einzige Ort der menschlichen Verletzbarkeit). Vielleicht vergleichbar mit der Verletzbarkeit des Helden Siegfried, der, als er in Drachenblut badete, an der Schulter ein Ahornblatt hatte und dort nicht von dem Drachenblut unverletzbar gemacht werden konnte. Oder die antike Vorstellung der Verwund-

barkeit des Helden Achilles (die so genannte Achillesferse). Die christlich-westliche Zivilisation sieht die psychische Verletzbarkeit als Sünde (von Geburt an durch die Erbsünde). Die Menschen sollen lernen:

1. Die psychische Verletztheit als Sünde zu erkennen.
2. Die Behandlung der menschlichen Verletztheit durch den Glauben vornehmen. Durch die menschliche Kraft des Glaubens -, dass Gott existiert. Und dieses durch Gebete - Worte und Bilder - Vorstellung seiner Heiligkeit, Güte und Allmacht zu ermöglichen. Das Wort „Amen" als Nachdruck und Bekräftigung der Gebete und das Wort „Halleluja" als Vorstellungswort SEINER HEILIGEN ALLMACHT sind psychisch-geistige Pflaster. Auf die psychische Verletztheit gelegt, unterstützen sie die Selbstheilung der Psyche!

Nun aber haben die vergangenen zweitausend Jahre christlicher zivilisatorischer Entwicklung eine sehr blutige, mächtige Institution des Glaubens an Gott entwickelt: die Kirche! Niemand in der westlichen Welt, nicht einmal die sogenannten kommunistischen Entwicklungen in den sozialistischen Staaten, angefangen mit der russischen Revolution 1917 bis zum Fall der Mauer 1989, waren frei von den tief eingepflanzten, eingegrabenen Bewertungssysteme der christlichen Welt. Ihre staatliche gefühlte Moral und ihre Bewertungskriterien von schuldig, von Gut, von Böse und die von der sozialistischen Persönlichkeit geforderten Verhaltensweisen folgten ins-

geheim der christlichen Tradition, dem christlichen Heilsgedanken. Nur war im Kommunismus nicht Christus der Erlöser und Heiland, die moralisch-psychologische Heilsfigur, sondern die sozialistisch-kommunistische Persönlichkeit, die unter Aufgabe alles egozentrischen Verlangens, ohne Anspruch auf Eigentum friedvoll dem Allgemeinwohl dienen soll. Folgerichtig wurden die Neugeborenen schon früh ab der sechsten oder achten Lebenswoche in Krippeneinrichtungen versorgt. Zur Befreiung der Frau. Als notwendige Arbeitskraft waren in der DDR bis zu 90 Prozent der Mütter und Frauen berufstätig. Dadurch wurde aber die Entwicklung einer psychischen individuellen Persönlichkeit verhindert!

Spätestens seit René Spitz, Ende der vierziger Jahre des vorigen Jahrhunderts, und den Nachuntersuchungen von Bowlby in den sechziger Jahren des vorigen Jahrhunderts, wissen die Psychologen, welche verheerende Wirkung und welche verheerenden Folgen eine Deprivation (Mutterentbehrung in den ersten drei Entwicklungsjahren eines Neugeborenen) auf das menschliche psychische, geistige und soziale wie das körperliche Entwicklungsniveau haben kann! Menschen, die so aufwachsen, mit frühen Krippenerfahrungen, sind in der Regel in ihrer psychischen Entwicklung stark belastet. Die psychische Verletzung ersten Grades allein ist eine ungeheure Behinderung für die Bewußtseinskraft des Einzelnen.

Nachdem im letzten Jahrhundert zwei fürchterliche Weltkriege die Menschen der christlichen zivilisierten Welt erschüttert haben, die sie aus ihrer kultu-

rellen Geborgenheiten herauskatapultiert haben, wandten sich viele Menschen vom Glauben an Gott ab. Damit haben sie sich ohne einen für mich erkennbaren Ersatz der so notwendigen psychischen Hygiene und psychischen Behandlung ihrer psychischen Verletzbarkeit z. B. des ersten Grades gebracht.

Die weltweite mannigfache Bemühung der zivilisierten westlichen Welt vor allem in Deutschland nach den achtundsechziger Jahren mit Hilfe von Drogen, „Bewußtseinserweiterungen" und Hinwendung zu anderen religiösen Praktiken z. B. der östlichen-asiatischen Welt, oder durch Hinwendung zu Sekten wie den Scientologen (eine amerikanische Bewegung) nach Glaubensersatz zum Christentum konnte weltweit keine wirklich durchgreifende Erneuerung einer psychisch so notwendigen Hygiene gefunden werden.

Zwar half sich die zivilisierte Welt seit Freud mit Angeboten von psychotherapeutischen Maßnahmen. Die Entwicklung von psychologischen Wissenschaften begleitet unser alltägliches Erleben. Das Antlitz der Macht in unserer Welt hat sich verschoben - es gibt keinen Eisernen Vorhang mehr - Ost und West haben sich die Hand gegeben; das große kommunistische Experiment der UdSSR ist von der geschichtlichen Tafel weggewischt worden. Die USA haben eine bisher unangefochtene Machtstellung in der Welt erfahren.

Aber seit dem 11. September 2001 haben wir wieder einen Bösen - einen Teufel - den Terrorismus in der Welt!

Dieser muß mit allen auch militärischen Mitteln ausgemerzt werden.

Die Welt blutet im Nah-Ost-Konflikt aus.

Wo sind die wissenschaftlichen Wissensstrukturen und Weisheiten der Konfliktverarbeitung, aus der Wissenschaft über Verhalten und Problemverarbeitungsstrukturen in ihren Anwendungen?

Die menschlichen Verhaltensweisen eskalieren zu neuen Gefahren für Geist, Leib und Seele.

Die mächtigste Nation der Welt ist in ihrem Ansinnen, andere Völker friedvoll zu unterstützen, schon am Ende. Gefangen und verstrickt in den Fesseln eines neuen Teufels, dem Terrorismus. Dieser hat tiefe, böse Wunden in die Psyche dieser mächtigen Nation geschlagen.

Wie nötig wäre es in diesem weltweiten notwendigen Verhaltensinventar Frieden, Wohlstand und wirkliche Demokratie, Achtung der Menschenrechte und Würde zu realisieren.

Die alten und neuen religiösen Bestrebungen entfachen häufig noch die ohnmächtige Wut und Hilflosigkeit und führen zu demonstrativen Provokationen.

Aus meiner Sicht ist Tschernobyl, Industrialisierung der Agrarwirtschaft z.B. in der „Tierfleischproduktion", die Vernichtung lebensnotwendigen Baumbestandes (nur noch sieben Urwalde bestehen von ehemals 65), egozentrische Wirtschaftshaltung, Mißbrauch von Kindern, Frauen und Männern, sexuell, psychisch, sozial, - das alles ist Ausdruck von

einer alten chronischen psychischen Wunde der Menschheit. Selbst die christliche Heilslehre, die verspricht, die Menschen durch Christus Tod von der „Sünde" (der psychischen Verletztheit) zu befreien, griff in den letzten 2000 Jahren nicht.

Auch unsere (wertvolle) psychotherapeutische Entwicklung der letzten hundert Jahre strandet oftmals trotz oder gerade wegen anhaltender jahrelangen, vielleicht jahrzehntelanger psychotherapeutischen Behandlungen. Zu wenig weiß die wissenschaftliche Psychologie über psychische Zusammenhänge. Praktisch fehlt in der Psychotherapie die Entwicklung eines „Antibiotikums". Eine psychologisch desinfizierende Arznei. Ein Antibiotikum, das psychisch desinfizierend wirkt und ohne Nebenwirkungen die Bewusstseinsauffressende antipsychogene, psychische Wunden behandelt.

Bis heute gibt es kein psychisches, direktes, objektives Beobachtungsinventar.

Die Behavioristen der ersten Jahre versuchten, durch das Axiom der „black box" diesem aus dem Weg zu gehen. Der Mensch war die „black box". Ein Stimulus ging hinein und eine Response, eine Antwort kam heraus. Sie glaubten, dass die Introspektion, die Selbstbeobachtung der Gedanken und Gefühle unwissenschaftlich, privat seien. Objektiv können sie nur die Anregungen (Stimuli) und das Verhalten (Response) beobachten.

Heute unterstützen sie ihre Beobachtungen und wissenschaftlichen Untersuchungsmethoden neben Rattenexperimenten auch mit „kognitiven Sets".

Fragebogenteste der alten Testdiagnostik, sowie Erhebungstechnik nach probalistischen Testtheorien.

Die analytischen, psychoanalytischen Vorgehensweisen streben über das Orthodoxe nach Erkenntnissen, die über das Freudsche Modell hinausgehen dürfen - . Neben den (genialen) psychischen Strategien der Assoziationstechnik (Freud war der erste Wissenschaftler der genial war. Er fand heraus, dass die Psyche ein dem Gesetz der Assoziation unterworfenes Organ ist; wie der Körper den physikalischen Gesetzen unterliegt und der Geist den logischen) hat sich die Phänomenologie - mit ihren beschreibenden Methoden eingebürgert.

Aber alle drei methodischen Zugänge der psychologischen Wissenschaft (behavioristische Sichtweise, psychoanalytische Sichtweise, phänomenologische Sichtweise) konnten bisher den psychisch erkrankten Menschen nicht immer erfassen und helfen.

Das Gesetz über die Unschärferelation der Physiker (Heisenberg) existiert erst recht im psychischen Raum.

Wahrscheinlich können wir nie eine psychisch direkte, objektive Beobachtungsmethode entwickeln, um psychisches Verhalten vorherzusagen und psychische Erkrankungen, Verletzungen gesichert zu verhindern. Vielleicht ist dies auch kein lohnenswertes Ziel.

Die Psyche ist für mich der Ausdruck des lebendigen Gesetzes der Liebe.

Lebendig zu sein heißt immer wieder neu, unvergleichlich und doch beständig zu sein.

So hat jede Epoche ihre Chance, einen neuen lebendigen Gesetzeszusammenhang von psychischer Gesundheit und Krankheit und Verletzung Ausdruck zu verleihen -.

Das hier im Buch vorgestellte psychische Hygieneprogramm ist ein solches Wagnis.

Haben Sie, liebe Leser, die erste Übung drei Wochen einmal täglich durchgeführt, so sollten Sie jetzt besser in der Lage sein, einen verletzten psychischen Zustand wie z. B. Angst oder Hilflosigkeit oder das Versagen im körperlichen Ausdruck lokalisieren zu können. Ist Ihnen dies gelungen, so nehmen Sie an der **Übung 2** teil.

Übung 2

Ihre Angst vor dem nächsten Gang zu Ihrem Vorgesetzten sitzt als flaues Gefühl in der Magengegend.

Gut.

Jetzt setzen Sie sich für ein oder zwei Minuten an einen stillen Ort Ihrer Wahl und konzentrieren Sie sich auf die Magengegend, wo das flaue Gefühl lokalisiert ist. Dieses flaue Gefühl ist Ausdruck Ihrer psychischen Verletztheit ersten Grades. Nun sagen Sie in Gedanken, die Sie in voller Konzentration und mit vollem Nachdruck auf den Magen richten, mitten in das flaue Gefühl hinein: „Ich zerschlage den Spiegel der Selbstbetrachtung!".

Jetzt lassen Sie diesen Satz mit all Ihrer Vorstellungskraft zerplatzen. Nutzen Sie ein kraftvolles Bild, eine Explosion, z. B. das Zerplatzen eines mit Wasser gefüllten Luftballons, wie Sie vielleicht als Kind ihn mal aus dem Fenster geworfen haben. Der Passwortsatz wird in das kraftvolle Bild verwandelt. Dieses lassen Sie im Magen zerplatzen.

Jetzt kontrollieren Sie, ob das flaue Gefühl

a) genauso geblieben ist;
b) sich verändert hat oder weniger geworden ist;
c) sich verstärkt hat.

In den beiden ersten Fällen wiederholen Sie die Vorgehensweisen, nach einigen Durchgängen machen Sie eine kurze Pause, in der Sie tief in Ihren Unterbauch den Atem fließen lassen.

Dann starten Sie neu durch.

Geben Sie nicht auf! Wiederholen Sie die Vorgehensweise, bis das flaue Gefühl vorbei ist.

Manchmal werden Sie für Ihre Bemühungen mit einer warmen, den Körper an einer Stelle durchströmenden Kraft belohnt.

Ein sicheres Zeichen, daß die Selbstheilungskraft der Psyche aktiv ist.

Aber wenn dieses Gefühl ausbleibt und Sie wenigstens erreicht haben, daß das flaue Gefühl im Magen verstummt ist, haben Sie schon einen großartigen Schritt unternommen Ihre psychische Selbstheilungskraft zu unterstützen.

Auch wenn das flaue Gefühl nur ein wenig besser geworden ist, haben Sie einen Sieg errungen.

Zur Unterstützung der Übung 2 rate ich meinen Patienten die Übung 3 anzuschließen.

Übung 3

Motivieren Sie sich selbst, in dem Sie voll leidenschaftlicher Entschlossenheit, die Ihnen möglich ist, der psychischen Infektion und der psychischen Verletzung den Kampf ansagen.

Sagen Sie sich, daß Sie sich nicht gefallen lassen, am lebendigen Leib die chronische psychische Verletzung zu dulden, die schon so lange der hygienisch-psychischen Behandlung entbehren mußte.

Sagen Sie sich, daß Sie sich nur aus Unwissenheit heraus nicht mehr erlauben, Ihre so wichtige psychische Lebenskraft, ihr psychisches Blut, ihre Bewußtseinskraft durch den Mangel an psychischer Hygiene zu verlieren!

Denken Sie daran, wir sind als Menschen bewusstseinsfähige, wahrnehmende Wesen.

Lassen Sie sich nicht das so notwendige erkennende Licht Ihrer Bewußtseinskraft rauben.

Denken Sie nicht länger in diesen so ohnmächtig erscheinenden und ruhelos machenden Bewertungskategorien:

Das ist böse, das ist gut.

Lassen Sie sich nicht, nur weil Sie keine ausreichende Bewußtseinskraft haben, von religiösen Verführern in psychische, geistige und soziale Isolation treiben und wirtschaftlich ausnutzen!

Lassen Sie sich nicht durch die Diktatur des Geldes, durch den Zwang zum Konsum von Ihrem psychischen kreativen Quell ablenken.

Vertreiben Sie nicht das bisschen Bewusstseinskraft, was trotz der psychischen Verletzungen Ihnen geblieben ist, mit Alkohol und Drogen. Sie erfahren neben der enthemmenden Wirkung des Alkohols mitnichten Bewusstseinserweiterung. Auch nicht durch Drogen!

Krempeln Sie Ihre geistigen Ärmel hoch und gehen Sie auf Entdeckungsreise durch Gefühle und Körperzustände.

Seien Sie Ihr eigener Detektiv, der Hilflosigkeit und Angst, Versagenskomplexe sofort als psychische Verletztheit ersten Grades identifiziert und die Behandlungsmaßnahme einleitet:

Lokalisieren Sie das kranke „Gefühl". Behandeln Sie dieses Gefühl mit dem Satz: „Ich zerschlage den Spiegel der Selbstbetrachtung!" Lassen Sie diesen Satz in dem kranken Gefühl zerplatzen.

Ein dreißigjähriger homosexueller Doktorand der juristischen Fakultät, aus der ehemaligen DDR kommend, fand den Weg in meine Praxis wegen anhaltender Vorstellungen, er sei vom Teufel verfolgt. Deswegen komme er kaum zum Schlaf. Er wisse zwar, daß seine ihn verfolgenden Gedanken und Vorstellungen unsinnig seien, doch er fühle sich diesem peinigenden Gedankenfluß gegenüber hilflos und ohnmächtig. Dieser anhaltende, ihn bedrohende Gedanke vom Bösen „verfolgt" zu sein, ist in den Gefühlen der Hilflosigkeit und der Ohnmacht verwurzelt.

Ich übte mit dem Doktoranden die hier vorgestellten Übungen. Er lokalisierte das Gefühl der Hilflosigkeit und der Ohnmacht in seinem Kopf. Der Satz: „Ich zerschlage den Spiegel der Selbstbetrachtung!" wurde in den Kopf injiziert und dort von der Phantasie her in ein Kraftbild verwandelt und zum Platzen gebracht.

Oftmals ist bei meinen Patienten der Kopf ein „Gefühlsorgan". Dies erscheint als ein regressives Empfinden. Z. B. sind Kinder, die noch nicht Schulreif sind, nur in der Lage, den Menschen als so genannte „Kopffüßler" zu zeichnen. Diese Kinder zeichnen also einen Kopf mit Armen und Beinen ohne Rumpf. Aus psychologischer Sicht ist das Kommunikationsnetz des Körpers noch voll im Kopf abgebildet. Der Kopf ist für diese schulunreifen Kinder noch das hauptsächlich wahrnehmende Teil des (kleinen) Menschen.

Der Kopf fühlt, nimmt wahr, denkt. Er lebt. So werden Freude und Angst, Neugier und Ohnmacht, Schmerz und Entspannung im Kopf lokalisiert.

Dieser verängstigte Doktorand hatte alle seine Ängste als Gefühl im Kopf lokalisiert. Also mußte die Behandlung im Kopf stattfinden, denn die psychische Verletztheit ersten Grades muß dort verarztet werden, wo sie als Gefühlszustand im Körper lokalisiert wird.

Erst durch diese Verarztung kann seine Bewusstseinskraft zurückkehren. Woher sein Problem kam war ungewiss. Es war ihm nicht bewußt. Woher sollte ich als Therapeut es wissen? Zwar hatte ich eine jahrzehntelange Erfahrung, mit psychischen Krankheiten therapeutisch umzugehen, doch ich hatte es mir angewöhnt, immer wachsam zu bleiben: Was bedrückte den Patienten? Wie äußert er sich? Welche sozialen Bedingungen umgaben ihn?

Aber all das ist, so lernte ich in den letzten Jahrzehnten, ohne das Bewußtsein des Patienten für seine Erkrankung und die sozialen Bedingungen reines Spekulationsgeschäft und Interpretation meiner Phantasie. Erfährt der Patient eine Heilung, so erscheint es zufällig, niemand, weder er noch der Therapeut, wissen, warum es zur Heilung kam.

Diese hier vorgestellte Vorgehensweise ist eine notwendige psychische Hygienemaßnahme vor jeder psychotherapeutischen Behandlung. Die psychologische Verarztung der psychischen Wunden ist als Erste Hilfe Maßnahme wichtig. Dies ge-

schieht indem die psychische Verletztheit erkannt wird, im Körper lokalisiert und verarztet wird.

Dadurch wird der psychische Infektionsherd durch psychische Mittel (Wort und Bild) gereinigt und desinfiziert, so dass die chronische psychische Entzündung abheilen kann, und zwar aus sich selbst heraus. Die Selbstheilungskräfte, die unsere Psyche besitzt, werden so unterstützt. Der psychische Selbstheilungsprozess kann sein Werk fortsetzen.

Mein Doktorand folgte meinen Vorschlägen. Wir übten in den folgenden Sitzungen die Vorgehensweise ein. Und er konnte beobachten, dass der Gedankenzwang nachließ und unterbrochen wurde. Obwohl er die Vorgehensweise nicht einordnen konnte, verlor sich der Gedankenzwang, dass das Böse in Gestalt des Teufels ihn verfolge. Er konnte sich seiner wissenschaftlichen Arbeit wieder ungestört widmen.

Nach acht Wochen kam er wieder. Er hatte die psychische Verarztung seiner psychischen Wunden schleifen lassen. Er fühlte sich einsam, obwohl er andererseits die psychische Nähe eines Geliebten nicht ertragen konnte. Die zwanghaften Vorstellungen brachen erneut in sein Denken und in seine Vorstellungen ein. Er hat Angst, verrückt zu werden.

Er ist es nicht geworden.

Sein wirkliches Problem ist vielleicht damit verbunden, daß er sich als ein vornehmer Vertreter des demokratischen Deutschlands, einem sozialen Rechtsstaat, als Jurist, als Träger einer wichtigen, staatlichen Grundhaltung nach dem Fall der Mauer

präsentiert. Seine persönliche jüngste Vergangenheit als „sozialistische Persönlichkeit" des ehemaligen sozialistischen Deutschlands kommunistischer Prägung hatte er aber nicht überwunden. Das „kapitalistische Deutschland", Westdeutschland, die BRD, war in seiner Sozialisation ein erklärter Feind der DDR gewesen. Von früh an, in der Krippe, im Kindergarten, während der Schule, bei den Jungen Pionieren wurde ihm auf verbalen und nonverbalen Wegen alle bedeutsamen und wichtigen Symbole der BRD als feindlich suggeriert, der Kapitalismus als Krankheit, die NATO als feindliche Organisation. Der Inbegriff des Bösen, der Antimensch, der erklärte Feind der „sozialistischen guten Persönlichkeit" war der westdeutsche, der kapitalistische Mensch.

Immanuel Kants Ausspruch: „Freiheit ist Einsicht in die Notwendigkeit" wurde von den Sozialisten der DDR als Einsicht in die Notwendigkeit der Gesellschaft interpretiert. Die westliche Welt interpretierte den Satz über die Freiheit als Einsicht in die Notwendigkeit des Individuums. Das Individuum, der Einzelne aber war ein Nichts im Vergleich zu der „sozialistischen Persönlichkeit".

Mein Patient mag nach dem Fall der Mauer das installierte, ihn ihm eingegrabene Glaubenssystem: Gut ist die sozialistische Persönlichkeit - Böse sind die Individuen aus dem kapitalistischen System - als Konflikt verinnerlicht haben. Dieses früh eingeprägte persönliche Wertesystem wurde durch den Fall der Mauer mit Schweigen von dem ehemals feindlichen System übergangen. Er wurde durch die

Wahl seines Studiums ein wichtiger Vertreter der ehemals verhaßten BRD, dem sozialen Rechtsstaat des wiedervereinigten Deutschlands.

Dass in seinen Gedanken und Vorschlägen das Böse ihn minütlich, stündlich, verfolgt, war dann nur allzu klar.

Aber meine Interpretation seines Problems ist eine Spekulation.

Fest steht, dass in einem unentschiedenen Konflikt die Kraft seines Bewußtseins nicht ausreichte, seine Probleme klar zu erfassen. Seine Bewußtseinskraft war von seinen psychischen Verletzungen aus dem ersten Lebensjahr durch die psychische Verletztheit ersten Grades geschwächt. Er wurde von der achten Lebenswoche an für acht bis zehn Stunden täglich in der Krippe versorgt. Anschließend kam er in den Kindergarten, dann in den Hort, Schule Pionierorganisation etc.

Seine psychischen Verletzungen, vor allem die psychische Verletztheit ersten Grades aus dem ersten Lebensjahr, blieb unbehandelt.

Eine chronische psychische Infektion entwickelte sich.

Durch diese wurden seine psychischen Bewußtseinskräfte reduziert.

Seine Psyche blutete aus.

Sein menschliches Fundament reduzierte sich auf einen Rest von vielleicht zehn Prozent seiner ursprünglichen Bewußtseinskraft.

Ihm fehlt die nötige psychische Bewußtseinskraft, seinen Konflikt zu objektivieren, zu erkennen, dass in der DDR der Konflikt der Identität typisch war: Staat – Individuum, Heuchelei - Selbstwert.

Will er sich entscheiden, muß er seine psychische Bewußtseinskraft sammeln.

Wie er diese psychische Bewußtseinskraft einsetzen und sammeln kann, um sein Ziel, zu promovieren, zu erreichen, hängt davon ab, inwieweit er den Konflikt der sozialistischen Persönlichkeit, zu der er erzogen wurde, löst, inwieweit er sich als Individuum in einer pluralistischen Gesellschaftsform mit der vorgefundenen Persönlichkeitsstruktur einlassen kann.

Welche Gefühlszustände und Gefühlsenergien durch diesen Konflikt gebunden und verbraucht werden, kann man nur der Phantasie überlassen!

Aber wem nützen meine Spekulationen und Erklärungen seines psychischen Problems? Er selbst muss es finden. Dies kann er aber nur leisten, indem er seine psychische Bewußtseinskraft wieder zurück erobert.

Dies gelingt ihm nur durch die psychische Hygiene, indem er die psychische Verletzung ersten Grades zur Selbstheilung unterstützt.

Wenn seine Bewußtseinskraft durch die Praktizierung und Wiederholung der ersten Hilfe für die psychische Verletztheit ersten Grades erstarkt und seine psychische Selbstheilung unterstützt, dann kann

er sein wirkliches Problem in sein Bewußtsein treten lassen.

Erst dann ist es an der Zeit, gemeinsam eine Psychotherapie dieses Problems anzugehen. Dann kann ein verhaltenstherapeutisch-kognitives Behandlungsschema durchgeführt werden.

Es kann bei ihm aber auch ein völlig andersartiges psychisches Problem nach dem Wieder-Erstarken seines Bewusstseins in den Mittelpunkt rücken, als das von mir vorgestellte.

Was immer aber sein wirkliches psychisches Problem ist; zunächst muß, wie oben beschrieben, die psychische Verletztheit ersten Grades erkannt, im Körper lokalisiert und psychisch behandelt werden.

Diese psychische Hygienemaßnahme ist ohne jede religiöse, kulturelle oder gesellschaftliche oder politische Bedeutung. Diese Vorgehensweise ist zudem ohne Nebenwirkungen erfolgreich.

Sie kann durchgeführt werden, ohne daß eine persönliche gewohnte Lebensweise verändert werden muss und sie kann durchgeführt werden, ohne ein gewohntes Glaubenssystem oder eine gewohnte soziale oder politische Einstellung aufzugeben.

Die psychische Erste-Hilfe-Maßnahme ist ein psychisches Pflaster, das die psychische Verletztheit ersten Grades desinfiziert, schützt und somit die psychische Selbstheilungskraft unterstützt!

Sind die bei meinen Patienten vorliegenden psychischen Verletzungen im ersten Lebensjahr, also im Fundament ihrer Persönlichkeit, tief im Identitäts-

gefühl geschlagene Wunden, chronifiziert, können sie Basis für viele mögliche Identitätskrisen sein, ohne daß die Ursache jemals erkannt werden könnte. So ist die Persönlichkeit trotz ausgeprägten starken Willens ein Spielball von äußeren Einflüssen ohne die Möglichkeit des Gegensteuerns. Nur begleitet vom ohnmächtigen Gefühl der Hilflosigkeit wie in diesem Fall von Vorstellungen und Gedanken verfolgt, zerrissen und unter Bedrohung durch den Teufel zu stehen. Dies kann einen Menschen ernsthaft krank machen oder auch zerstören.

Für meinen Patienten war die psychische Hygienemaßnahme als Erste-Hilfe-Maßnahme lebensnotwendig.

Mein Patient lernte, selbstverantwortlich für seine psychische Hygiene zu werden und zu sein.

Wir werden alltäglich in unserer Psyche verletzt. Ein Blick, ein Wort kann uns tief verletzen. Wie sehr ist die chronische psychische Verletztheit Ausdruck des groben Verlustes von Lebensqualität!

Die große Liebe kann vor meinem Patienten stehen, Ausdruck einer Möglichkeit, wonach er sich sehnt, aber seine Bewußtseinskraft reicht nicht aus, sie zu erkennen, noch weniger, ein gemeinsames Leben zu beginnen und zu meistern.

Welch ein Verlust der Lebensqualität, ohne Liebe, ohne Partner leben zu müssen. Mein Patient sehnt sich nach Nähe, nach einem Partner, aber er kann diesen höchstens eine Woche ertragen, dann muß er sich trennen! Er hat keine psychische Bewußtseinskraft in seinem Gefühlsleben, ausreichende

Kommunikationsnetze zu kreieren, um die ersehnte partnerschaftliche Liebe zu gestalten.

Mein Patient und ich als seine Psychotherapeutin müssen sich in Geduld üben. Denn bevor er nicht durch die psychische Verarztung seiner psychischen Verletzungen ersten Grades seine Bewußtseinskraft wiedererobert und wiederbelebt, ist jede Interpretation eines Konfliktes oder eines Problems und jede psychotherapeutische Technik ein „Tappen im Dunkeln". Es ist fraglich, ob dann ein wirkliches Problem mit einer angemessenen Psychotherapie behandelt wird. Dies ist in solchen Fällen weitgehend dem Zufall überlassen.

Das ist unbefriedigend!

Kommt ein Patient in die psychotherapeutische Praxis, sollte der Psychotherapeut gemeinsam mit dem Patienten die psychische Verfassung, den psychischen Zustand diagnostizieren. Dazu braucht sowohl der Patient als auch der Psychotherapeut Bewußtseinskraft!

Ohne diese uns Menschen mögliche Befähigung sind psychotherapeutische Diagnosen und Behandlungserfolge unzureichend wissenschaftlich begründet und wirken eher zufällig.

Ein äußerst unbefriedigender und vom wissenschaftlichen Vorgehen und Wissen abgelöster psychisch-therapeutischer Handlungsraum.

B 2 Erste-Hilfe-Technik für die psychische Verletzungsart zweiten Grades

Die zweite Erste-Hilfe-Maßnahme für die psychische Verletzungsart zweiten Grades ist – genau wie die erste – einfach und äußerst wirkungsvoll.

Zunächst möchte ich jedoch kurz erinnern:

Die psychische Verletzungsart zweiten Grades basiert auf einem verwundeten Fundament der Willensausbildung und der Durchsetzungskraft. Gewöhnlich wird das psychische Fundament zwischen dem zweiten und vierten Lebensjahr gebildet. Es ist die Zeit, die Eltern und Erzieher sehr wohl als „Trotzphase" kennen. Diese psychische Entwicklungsphase ist ebenso wie die erste Entwicklungsphase (Bildung des Fundaments des Ichs, der Identität, der Persönlichkeit) enorm wichtig.

Enorm wichtig, weil ein Mensch Ziele braucht, die er erreichen kann und entgegen oder mit allen Widrigkeiten und mit oder ohne Unterstützung durchzusetzen lernt.

Davon hängt das psychische Gefühl der Werterfüllung ab.

Es ist ein Lebensgesetz, daß jede Kreatur nach Werterfüllung strebt! Wird dieses, aus welchen

Gründen auch immer, verhindert, kann es geschehen, daß auf Dauer erhebliche psychosomatische Erkrankungen ihre Wurzeln schlagen. Der psychische Druck, ohne Werterfüllung zu leben, gräbt sich auch in die psychische Verletzungsart ersten Grades. Die Persönlichkeit des Menschen verliert das psychische Immunsystem, der Körper als Projektionsfläche der Psyche begleitet dies in der Regel ebenfalls mit einer verminderten Immun- und Abwehrkraft. Wir nennen das Disstreß im Gegensatz zum Eustreß. Der Disstreß ist eine lebensbedrohende psychisch-soziale Belastung, die bei anhaltendem Druck Herzinfarkt, Schlaganfall, aber auch Diabetes oder Krebs mitbedingen kann. Eustress ist notwendig, um Menschen zu Leistungen zu führen. Frei nach dem Goethe Ausspruch, dass Mephisto von Gott dem Menschen zugeführt wurde, weil der Mensch sich „all zu bald die unbedingte Ruh" wünscht, „drum gab ich ihm dem Teufel zu, der reizt und sticht und muss als Teufel schaffen".

Wir müssen in unserem Leben das Gefühl haben dürfen, daß wir durch unsere Handlung und die Durchsetzung unserer Ziele zur Werterfüllung unseres Daseins kommen.

Der tiefe Beweggrund des menschlichen Handelns, weit von jeder Tradition, Kultur oder Erziehung entfernt, ist diesem Gesetz der Werterfüllung ergeben. Schon das Lächeln des Neugeborenen dient als Handlung dem Werterfüllungsgesetz.

Lächeln steckt an.

Das Gänseblümchen auf der grünen Wiese lebt Werterfüllung genauso wie der Arbeiter bei der Berliner Stadtreinigung.

Die Verletzung der psychisch getragenen Durchsetzungskraft, die das Handeln des Menschen ausmacht, ist vergleichbar mit einem Kolbenfresser im Motor eines Autos.

Nichts geht mehr.

Die Funktionen sind im schlimmsten Fall „out of order".

Eine 35-jährige Patientin, Sozialarbeiterin, kam eines Tages in meine Praxis.

Sie sah mit ihrer von der Sonne gebräunten Haut, dem strähnigen dunklen Haar und ihren dunklen Beinkleidern eher wie eine Frau aus Marokko aus, denn wie eine Deutsche.

Sie wollte sich nicht auf den ihr zugewiesenen Platz setzen. Sie griff sofort jede verbale Äußerung von mir an. Sie wirkte auf mich wie ein kleines, weißes Krokodil, das nur wegen seiner Bissigkeit mit dieser Andersartigkeit überlebte. Die Patientin ließ mich in keiner Hinsicht an sich heran. Dabei spürte ich, wie sie unter ungeheurem innerem Druck stand. In ihrer Nähe wurde mir sehr heiß. Dieses Gefühl ist untrüglich ein Zeichen für mich, daß der mir gegenübersitzende Patient aus der psychischen Wunde zweiten Grades „blutet". In der Regel spreche ich den Patienten auf dieses Gefühl an. Oftmals können mir die Patienten dieses Gefühl der unange-

nehmen Hitze bestätigen, welches meistens im Nacken über Hals und Schultern ins Gesicht strömt. In der Regel unterbreche ich dann das Gespräch und erkläre den Patienten, daß sie auf dieses unangenehme Gefühl im Körper achten sollen. Die Patienten müssen mir dann beschreiben, wo, an welcher Körperstelle, sie dieses Gefühl lokalisieren können.

Ist das geschehen, erläutere ich, daß dieses Gefühl Ausdruck der psychischen Verletzung zweiten Grades ist. Ich übe dann umgehend mit den Patienten die zweite Erste-Hilfe-Maßnahme für diese psychische Verletzungsart zweiten Grades.

Übung 4

Konzentrieren Sie sich auf den lokalisierten Körperbereich, wo das unangenehme, meist heiße Gefühl ist. Dann senden Sie sich mithilfe Ihrer Konzentration und Vorstellungskraft den Gedankensatz: „Ich zerschlage die Gefühlsinstallation!" als Lichtmesser in den lokalisierten Körperbereich. Durch ihre Phantasie verwandeln sie die Worte in ein Lichtmesser. Dieses Lichtmesser ziehen Sie von unten nach oben durch den Körperzustand. Wiederholen Sie die Übung. Nach dreimaligem Wiederholen atmen Sie tief durch. Überprüfen Sie bei jeder Wiederholung, ob das unangenehme Gefühl

a) geblieben ist
b) nachläßt oder
c) sich verstärkt.

In den beiden ersten Fällen wiederholen Sie die Übung. Mit allem Nachdruck lassen Sie den Gedankensatz, als Lichtmesser verwandelt, durch den lokalisierten Körperbereich ziehen. Arbeiten Sie weiter mit sich, bis entweder das unangenehme Gefühl gänzlich verschwunden ist und/oder ein angenehmes, warmes Gefühl sich im Körper ausbreitet. Wie Sie bereits er-

fahren haben, ist das der Ausdruck der psychischen Selbstheilungskraft.

Die Selbstheilungsprozesse der Psyche haben einen eigenen Rhythmus. Ich konnte beobachten, dass sich bei intensivem Vorgehen mit Hilfe beider vorgestellten Erste-Hilfe-Techniken einerseits nach wenigen Monaten die Arbeitskraft, die Lebenskraft der Patienten deutlich wiederherstellte. Ich konnte beobachten, daß die Patienten ihren Lebensaufgaben, ihren Arbeiten gegenüber einsatzfähig wurden. Des weiteren konnte ich beobachten, wie sie an der Erfüllung ihrer Lebensziele ein gutes Stück andererseits vorankamen.

Oftmals erfüllte sich ein Lebenswunsch schneller als es voraussehbar war.

Aber natürlich gibt es auch viele andere Fälle wie die hier vorgestellte 38-jährige Sozialarbeiterin. Sie ist besonders resistent gewesen. In den ersten beiden Sitzungen konnte ich es nicht wagen, sie überhaupt nur auf das Erste-Hilfe-Programm der Psyche anzusprechen. Zu stark war ihre Widerstandskraft, obwohl die körperlichen Regungen, die Gefühlszustände, die ich bei ihr wahrnahm, jede psychische Intervention der Ersten-Hilfe für die psychische Verletzung zweiten Grades notwendig erscheinen ließen. Ich war wirklich verzweifelt. Bei einer Supervisionssitzung ging ich dann davon aus, daß ich es mit einer Persönlichkeitsstörung zu tun habe, daß ich mich nicht befähigt fühlte, psychotherapeutisch zu intervenieren. Tatsächlich erwog ich, sie als Patientin abzuweisen.

Ich erlebte ein völliges Zusammenbrechen meiner mir bis dato empfundenen Behandlungskunst. Ich wollte sie bei der nächst folgenden Sitzung, es war die dritte sogenannte probatorische Sitzung, davon in Kenntnis setzen, daß ich nicht die richtige Therapeutin für sie sei. Ein für mich äußerst seltener Vorgang - ich kann mich nicht erinnern, ihn mehr als drei Mal erlebt zu haben.

Die Sitzung kam und wie erstaunlich für mich wie eine Wende: Die Patientin war emotional ansprechbar.

Was war geschehen?

Die persönliche Situation der Erwerblosen, von Sozialhilfe abhängigen, durch die Welt ziehenden Sozialarbeiterin hatte sich geändert. Ihr Wohnpartner hatte nach einem Streit die Wohnung verlassen. Zwar glaubte sie, die gewonnene Freiheit ihres Lebensraumes in wenigen Wochen wieder zu verlieren, da das Sozialamt nicht die gesamte Wohnungsmiete übernehmen würde. Aber der Tatbestand, daß sie sich ausbreiten konnte, erleichterte sie ungeheuer. Ich konnte mit ihr normal sprechen, d. h. sie erzählte mir spontan ihre Situation. In den beiden Sitzungen vorher war sie, sobald sie auf dem Patientensessel saß, total verstockt, konnte nur einige verbale Angriffe äußern: Die Anordnung der Sitze gefiele ihr nicht, meine Ausführungen fände sie langweilig, meine Praxis gefiele ihr nicht etc. Dazwischen aber ließ sie immer wieder den Satz fallen, daß sie eine Therapie brauche.

Nunmehr konnte ich mich frei äußern. Ich war sehr erleichtert, daß ich sie nicht abgewiesen hatte.

Ihr sozialer Streß, ohne Einkommen, ohne eigene angemessene Wohnmöglichkeit, ohne richtigen Freund oder gar eine Liebe - das ganze Desaster ihrer Erlebnisweise konnte sie mir nun erzählen. Sie erzählte mir auch, daß sie durch ihre abweisende, verstockte aggressive Art Menschen zurückstößt und Chancen verliert.

Ich wiederum konnte mit ihr arbeiten.

Ihre emotionalen Zustände, das einengende, heiße Gefühl in ihrem Körper, das konnte sie erkennen. Sie lokalisierte dieses unangenehme heiße Gefühl im Bauch und in der Brust, und wir arbeiteten zusammen. Ich sagte laut, was sie in Gedanken tun muß: „Ich zerschlage die Gefühlsinstallation", diesen Gedankensatz als „Lichtmesser" von unten nach oben durch das unangenehme Gefühl in Bauch und Brust mit Nachdruck ziehen.

Mit diesem „Lichtmesser" wird das unangenehme Gefühl im Innern des Körpers mit Nachdruck durchgeschnitten.

Sie schloß die Augen und konzentrierte sich und arbeitete ernsthaft mit.

Sie wiederholte diesen Vorgang.
Dazwischen ließ ich sie tief Atem holen.
Nach einigen Wiederholungen und Pausen spürte ich die warme psychische Heilungskraft in der Wirbelsäule. Ich machte sie darauf aufmerksam. Sie konnte die warme Heilungskraft ihrer Psyche zwar

noch nicht spüren. Aber sie folgte und ging mit und arbeitete an sich mit der psychischen Hygienemaßnahme, die ich ihr beibrachte.

Beim nächsten Kontakt konnte ich fast freundschaftliche Züge in unserer gemeinsamen Kommunikation erleben. Ich spürte, wie sie Hoffnung aufgebaut hatte!

Ich kontrollierte ihre Hausaufgaben, ob sie tatsächlich zu Hause die psychische Hygienemaßnahme für die Verletzungsart zweiten Grades geübt hatte - zuerst körperlich die Zustände lokalisieren und dann das psychische Verletzungsgefühl mit der geübten Vorgehensweise verarzten. Ich erklärte ihr, wie die Bewußtseinskraft darunter leidet und wie sie schwindet, wenn die psychische Verletzungsart zweiten Grades aktiv ist.

Daß sie dann in ihrem psychischen Handlungsraum jegliche Handlungsfreiheit vermissen muß. Wie sie stumm und trotzig ist, wie diese soziale Kommunikation als ein Bumerang ihre Wahrnehmung verdunkelt und ein Teufelskreis des Trotzes und der stummen Anklage jede soziale Kontaktnahme unmöglich macht und verletzt.

Ihre Bewußtseinskraft war gerade noch ausreichend, daß sie spürte, was geschah; aber die Bewußtseinskraft wurde durch die tief unbewußt gefühlte erneute Verletzung ihrer Durchsetzungskraft durch den Trotz, durch ihre automatisch reagierenden Ungerechtigkeitsempfindungen vernichtet. Die Bewusstseinskraft reichte nicht mehr aus, Auswege zu erkennen.

Psychische Verletztheit zweiten Grades ließ diese so notwendige Bewußtseinskraft, die Auswege aus diesem Teufelskreis anbieten könnte, verschwinden, so wie Blut aus einer Wunde fließt und den Menschen in eine Ohnmacht und Schwäche und Blutleere führt.

Der Teufelskreis besteht darin, daß sie genug Bewußtseinskraft besitzt, um gewahr zu werden, daß sie keinen kommunikativen Ausweg mehr erleben kann. Dies verstärkt ihr trotziges und abwehrendes Ungerechtigkeitsempfindendes automatisch reagierendes psychisches Verletztheitsgefühl zweiten Grades erneut, sie „blutet" - sie verliert weiter Bewußtseinskraft, das ärgert sie ungemein, das verletzt sie wiederum usw.

Sie wird zu einem sozialen Kommunikationsmonster, jeder fürchtet sie, weil keiner genau weiß, warum sie so trotzig ist, weil jeder sich verteidigt, wenn er aus Unwissenheit meint, er oder sie sei ungerechter Weise Schuld an ihrem Trotz.

Dann stehen sich zwei Feinde alsbald gegenüber.

Es muß dann zu einem Streit kommen, in dem jede Kommunikation als Verletzung erlebt wird und der Wunsch, sich zu entfernen, zu fliehen, sich davor zu schützen, wächst auf beiden Seiten. Übrig bleibt ein unangenehmes Gefühl, das sozial-psychische Kontaktnahme nicht durchführbar macht.

Die psychische Verletztheit zweiten Grades ist übergesprungen. Beide Kommunikationspartner „bluten", verlieren Bewußtseinskräfte für das Erleb-

nis einer notwendigen, sozial-psychischen kommunikativen Verhandlungsbasis.

Der Teufelskreis, die psychische Verletztheit zweiten Grades, wird wieder aktiviert.

Der Andere ist schuldig, wird als Verursacher des ungenehm psychischen Verletzungsgefühls zweiten Grades erlebt. Der Wunsch, den Anderen loswerden zu wollen, wächst. Beide Kommunikationspartner haben keine Ahnung, daß die eigene psychische Verletztheit zweiten Grades verarztet werden muß, bevor andere Entscheidungen getroffen werden können, die den anderen mit einbeziehen.

Blindlings wird die (bewusstseinsarme) Entscheidung getroffen, den Anderen abzustoßen, nicht mehr mit ihm sprechen zu wollen.

Dies hinterläßt zwar ein unangenehmes Gefühl, irgendetwas versäumt zu haben, was auf die psychische Verletztheit ersten Grades hinweisen kann.

Das Gefühl zu versagen aktiviert diese alte psychische Wunde der Verletztheit ersten Grades und raubt den inneren persönlichen Kommunikationsraum (zu sich selbst) noch mehr Bewußtseinskraft.

Auch hier fehlt das Wissen um die Erste-Hilfe-Maßnahme für diese psychische Verletztheit ersten Grades. Anstatt die Verarztung dieser psychischen Verletztheiten ersten Grades und zweiten Grades vorzunehmen, reagiert der ohnmächtig sich fühlende Kommunikationspartner meiner Patientin (oder ich) darauf, den sogenannten Verursacher zu ver-

meiden, ihn brüsk abzulehnen, vielleicht sogar zu hassen.

Was dazu führt, daß die inneren eigenen psychischen Verletztheiten ersten und zweiten Grades erneut aktiviert werden.

Weder kann ein sozial eingebettetes Kommunikationsbedürfnis positiv erlebt werden, noch kann durch Aktivieren der sozialen Gesetze der Kommunikationsbahnen die anerkennende Werterfüllung entstehen, eine gute Persönlichkeit zu haben.

Diese vorgestellten psychischen Reaktionssysteme der psychischen Verletztheiten ersten und zweiten Grades und die vorgeschlagene Verarztung mit dem psychischen Erste-Hilfe-System löst zunächst kein Problem.

Aber es stärkt, die so notwendige Bewußtseinskraft, die wir unbedingt in unserem Wahrnehmungssystem brauchen - wie das Auto Benzin, um sich fortbewegen zu können und dem Ziel des Fahrzeugführers zu dienen. Diese notwendige Bewusstseinskraft wird wieder belebt durch die psychische Erste-Hilfe-Maßnahmen für die psychische Verletzung ersten Grades: „Ich zerschlage den Spiegel der Selbstbetrachtung!" und durch den Gedankensatz den wir im lokalisierten Körperteil am Ort der psychischen Verletztheit ersten Grades explodieren lassen.

Für die psychische Verletzung zweiten Grades verwenden wir den Gedankensatz: „Ich zerschlage die Gefühlsinstallation!" der mit Hilfe der Vorstellungskraft oder des Gedankenbefehls in ein Lichtmesser

verwandelt wird und mit Nachdruck durch die körperlich lokalisierten Stellen des psychischen Zustandes der Verletztheit zweiten Grades zieht. Das lässt die Bewusstseinskraft zurückkehren.

Diese psychischen Erste-Hilfe-Maßnahmen wirken auf die wie ein Computer organisierte Psyche wie eine Passwortstruktur, die in dem Moment ein psychisches Desinfektionsprogramm auslöst:

Dies wiederum reinigt die psychische Verletztheit ersten und zweiten Grades und unterstützt in dem Moment die psychische Selbstheilungskraft.

Dadurch wird die Bewußtseinskraft wiedergewonnen.

Sie kehrt zurück.
Wir können klarer unser Problem erkennen.

Mehr passiert nicht!

Dies ist kein psychotherapeutisches Programm!

Dies löst kein psychisches Problem.

Dies unterstützt aber die Selbstheilungskräfte der Psyche.

Dies schützt unsere so wichtige und bedeutungsvolle Bewußtseinskraft (denken Sie daran, wir sind bewusstseinsfähige, wahrnehmende Wesen!).

Dies verhindert „das Ausbluten" unserer Bewusstseinskraft.

Dies lässt unsere sonst verblassende Bewußtseinskraft wieder erstarken.

Dies hilft, die Bewußtseinskraft wiederherzustellen.

Dies hilft, unsere Bewußtseinskraft wachsen zu lassen!!!

Wenn Sie heute ein Altersheim besuchen, können Sie beobachten, dass statt bei diesen alten Menschen ihre Geisteskräfte mit dem zunehmenden Alter wachsen (eine russische Untersuchung erbrachte in den siebziger Jahren, daß geistig rege Menschen erst ab dem siebzigsten Lebensjahr kreativ werden! Bücher schreiben, Bilder malen etc.), sie schier bewusstlos in den Tag und die Nacht hinein dämmern. Von so genannter Arteriosklerose, geistiger Verwirrtheit wird gesprochen, sie erhalten Tranquilizer, Antidepressiva, Schlafmedikamente usw.

Wo ist die Bewußtseinskraft der alten Menschen, wenn sie sich endlos erscheinend in Wiederholungen von längst vergangenen Erinnerungen aufhalten und Familienmitglieder vielleicht zum tausendsten Mal ihre Lebenserinnerungen erzählen!?

Wir akzeptieren, ohne zu hinterfragen, daß bei den alten Menschen dies so auftritt.

Aber unser Gefühl sagt uns manchmal, wie unbefriedigend diese Bezeichnung „alter Mensch" ist, weil der passive Zustand, der sich dahinter verbirgt, unser Alter bedroht!

Unsere Bewusstseinskraft ist unabdingbar zur Werterfüllung unseres Lebens!

Zurückkommend zu meiner 38-jährigen Sozialarbeiterin war ihre Aussage, daß sie oft an Selbstmord dachte, weil ihre trotzige und abwehrende Erlebnis- und Verhaltensweise ihr keinen befriedigenden Erlebnisraum oder gar Handlungsraum mehr bot.

Dies ist ein Ausdruck für eine Person, die psychisch-sozial mangels Bewusstseinskraft am Leben zu ersticken droht und nur noch den „Ausweg" sieht, ihr Leben zu beenden.

Die psychische Erste-Hilfe-Maßnahme für die psychische Verletzungsart zweiten aber auch ersten Grades kann jeder anwenden -

- gleich welchen Einkommens;
- gleich welchen Glaubenssystems (Okkupation) ;
- gleich welcher materieller Ziele;
- gleich welcher Familie;
- gleich welchen Alters;
- gleich welchen Geschlechtes;
- gleich welcher Erziehung, gebildet oder ungebildet;
- gleich welcher Religion;
- gleich welcher Rasse oder Ethik;
- gleich welcher Region die Persönlichkeit entstammt.

(Diese Aufzählung wurde entnommen vom „introduction of sociology I" von Joana Gray, ausgestrahlt von der peak community college, television colorado springs - Colorado, USA, am 10.04.2002 um 12 Uhr Ortszeit)

Als Robert Koch die Bakterien fand und Penicillin als das entzündend hemmende Mittel entwickelt wurde (von Jan Fläming, einem Schotten) konnte jeder Mensch damit behandelt werden wenn eine entzündete Stelle im Körper entstanden war.

So sind auch diese psychischen Erste-Hilfe-Maßnahmen für jeden anwendbar. Jeder Mensch, gleich wo er lebt, hat diese beiden psychischen Wunden ersten und zweiten Grades.

Dies liegt in der allgemein bekannten Verletzbarkeit des Menschen, ob psychisch, physisch oder geistig.

Dies ist aber begründet in den beiden so bedeutsamen Entwicklungsabschnitten der Psyche:

Einmal ins Leben hinein, durch die Geburt vom mütterlichen System physisch abgekoppelt, abgestoßen, darauf angewiesen, ein eigenes lebensfähiges menschliches System zu werden. Die Wahrnehmung und das eigene Bewusstsein eines Ichs zu entwickeln, einer Identität, einer Persönlichkeit, die durch die Gene, durch den sozialen background - und durch die persönlichen Ziele bestimmt ist!

Dies alles wird fundamental in dem ersten Lebensjahr begründet!

Eine ungeheure psychisch-sozial-physische Leistung des Systems: Mensch!

Eine andererseits aber sehr störanfällige und gefährdete Zeit der Entwicklung: psychisch, sozial und physisch!

Die psychische Verletzungsmöglichkeit ist allgegenwärtig - ob es ein misunderstanding von Mutter und Kind ist, z. B. weiß die Mutter nicht immer, warum ihr Baby schreit – die nassen Windeln – oder Langeweile.

Früher, so erzählte mir meine Mutter, ging man davon aus, daß das Schreien des Babys die Lunge stärkt.- So ließen sie ihre Babys stundenlang schreien. Meine Generation versuchte das Schreien als Kommunikation zu werten, aber oftmals war keine Erklärung zu finden. Dies hat die Mutter unter Streß - Disstreß - gesetzt und das Baby ebenfalls und damit ist die Voraussetzung für eine psychische Verletztheit ersten Grades geschaffen.

Viel offensichtlicher ist die Deprivation (Entzug von Liebe und Zuwendung) als psychischer Infektionsherd ersten Grades.-

Ebenso wichtig ist die psychisch-soziale Entwicklungszeit im zweiten und vierten Lebensjahr, wenn wir die Durchsetzungskraft für unsere Handlungen entwickeln.-

In dieser psycho-sozialen Entwicklungszeit sind die Verletzungsmöglichkeiten vielfältig. Die sich gebärende, entwickelnde Durchsetzungskraft bildet nötige zusätzliche Fähigkeiten aus wie: Planungs- und Durchhalte-Strukturen, Konzentration, Entscheidungssysteme, die zu moralischen Bewertungen wie tugendhaft, treu, unbeirrbar, mutig (Zivilcourage) führen.

Wenn ein Kind in dieser Zeit versucht, seinen Willen durchzusetzen und trifft auf Ablehnung, Zurückweisung, so wird es psychisch verletzt und die psychische Verletzungsart zweiten Grades entsteht.

Wie oft müssen die Eltern oder Erzieher, Geschwister, Verwandte oder betreuende Personen die Durchsetzungskraft, den Willen eines kleinen Kindes frustrieren, manchmal sogar brechen.

Dies alles sind psychische Verletzungen zweiten Grades. Wir versuchen in der Regel in dieser „Trotzphase" des Kindes, dieses von der erlebten Frustration abzulenken.

Ein wunderbares psychisches Heilmittel.

Aber oft vergessen wir das, achten nicht auf die Folgen der erlebten kindlichen Frustration. Die Verletztheit zweiten Grades bleibt unbehandelt, unberücksichtigt.

Andere Verletzungen kommen dann vielleicht, wenn sich das Kind im Kindergarten nicht durchsetzen kann, daß die Mutter bei ihm bleibt, oder wenn das Kind unbedingt das Spielzeug haben will, und es erhält es nicht. Wenn es dann weint und wütend

den emotionalen Rückzug beginnt, kann es passieren, daß wir sogar das Kind auslachen, also es in seiner Persönlichkeit verletzen (psychische Verletzungart ersten Grades). Schließlich, wenn wir erleben, daß das Kind „verstockt" ist, es in sein Zimmer schicken, um mit dem „Bock" allein fertig zu werden, verletzen wir es in seiner Durchsetzungskraft.

Eine unendliche Liste von psychisch sozialen Verletzungsmöglichkeiten der psychischen Verletzungsart zweiten Grades besteht. Wir können, so sehr wir uns auch bemühen, die psychischen Verletzungen ersten und zweiten Grades nicht verhindern.

Deswegen müssen wir wissen: Diese psychischen Verletzungen ersten und zweiten Grades müssen verarztet werden!

Nach meinen Beobachtungen der letzten vier Jahre ist es nie zu spät, die psychische Hygiene, wie ich sie hier in diesem Buch vorstelle, anzuwenden!

Ich bin noch weit entfernt, genau zu wissen, wie lange die Verarztung jeweils angewandt werden muß. Vielleicht ist dies auch keine wesentliche Frage.

Dass wir aber durch diese Verarztung das Bewußtsein zurückerobern können, es schützen und vielleicht weiterentwickeln können, das ist für uns als Menschen, die wir selbstverantwortlich für unser Handeln und als bewusstseinsfähige wahrnehmende Wesen definiert sind, notwendig!

Ein zweites Beispiel für die psychische Verletzungsart zweiten Grades:

Vor einigen Monaten wollte ich von Berlin nach Bielefeld mit dem Zug fahren. Dort wollte ich die Geschäftsführer der „Pecon" treffen. Eine psychologische Vereinigung, die sich für den psychischen Notfall installiert hat. Da meine Praxis im Berlin-Prenzlauer Berg ebenfalls eine Notfallpraxis ist, wollte ich mich informieren, wie „Pecon" arbeitet. Bestenfalls wollte ich eine von „Pecon" angebotene Ausbildung für psychische Notfälle machen. Ich stieg in den Zug, Intercity-Zug, der über 200 Stundenkilometer fährt.

Nach einer kurzen Zeit spürte ich, dass in meinem Nacken und in meinem Kopf Schmerzen spürbar wurden. Mir wurde übel und ich hatte Bauchschmerzen. Ich kannte diesen Zustand, den ich normalerweise mehrmals im Jahr als Erschöpfungszusammenbruch habe. In der Regel nehme ich dann Tabletten, muß ins Bett und warten, bis der Schmerzzustand vorbei ist. Normalerweise dauert dieser Zustand dann über sechs, sieben Stunden.

Aber ich saß jetzt im Zug, ich konnte nicht hinaus.

Also fragte ich mich: Was würdest du jetzt deinen Patienten sagen? Ich würde sagen: Arbeite mit dir! Arbeite mit den psychischen Passwortsätzen, lokalisiere und behandle.

Also begann ich mit den psychischen Erste-Hilfe-Maßnahmen für Verletztheit ersten Grades. Meine anschließende Überprüfung ergab, daß sich nichts

ereignete. Ich wiederholte: „Ich zerschlage den Spiegel der Selbstbetrachtung!" und ließ diesen Gedankensatz in meinem Nacken explodieren. Aber wieder ereignete sich nichts. Die Schmerzen hielten an. Der gesamte innere Körper war in Aufruhr.

Ich bekam Angst: Wie sollte ich mir in dem Zug helfen?

Dann kam ich auf den Gedanken, aus dem psychischen Erste-Hilfe-Kasten das „zweite Medikament" zu nehmen; für die psychische Verletztheit zweiten Grades.

Ich sagte zu mir in Gedanken mit allem Nachdruck „Ich zerschlage die Gefühlsinstallation". Ich ließ diesen Satz als Lichtmesser verwandelt von unten nach oben durch meinen Nacken ziehen. Meine anschließende kontrollierende Beobachtung ergab eine sehr kurze Unterbrechung meines Nackenschmerzes - immerhin eine Unterbrechung.

Jetzt wurde ich mutig.

Ich wollte kein Schmerzmittel nehmen, ich hatte auch keines dabei.

Die gesamte Zugfahrt über gebrauchte ich dieses „zweite Medikament" aus meinem psychischen Erste-Hilfe-Kasten.

Drei Stunden verarztete ich mich so und konnte meinen körperlichen Zustand verbessern. Die Übelkeit, auch der Bauchschmerz und die Nackenschmerzen waren nicht mehr da! Nur ein leichter Kopfschmerz begleitete mich.

In Bielefeld angekommen, holte ich mir aus der Apotheke ein Schmerzmittel, besuchte „Pecon". Nach ca. zwei Stunden trat ich meine Heimreise an. Mir war nicht gut, aber besser als zum Antritt der Reise.

Ich arbeitete auf der Rückfahrt genau wie während der Hinfahrt mit dem „zweiten Medikament" aus meinem psychischen Erste-Hilfe-Kasten. Drei Stunden danach, - immer wieder gebrauchte ich den Satz: „Ich zerschlage die Gefühlsinstallation!", um ihn mit allem Nachdruck als Lichtmesser von unten nach oben durch den gesamten inneren Körper zu ziehen, - löste sich der Zustand im Körper auf!

Ich kam nach Hause und besuchte anschließend „la féte de la music" ein Straßenfest für Musiker, um sich vorzustellen, und sich bekannt zu machen.

Kurz nach meinem Eintreffen spürte ich, daß mein innerer Schalter des Wohlbefindens aktiviert und umgeschlagen war.

Das Gefühl von ungetrübter Freude und Erleichterung erfüllte mich. –

Tatsächlich habe ich seitdem, es ist inzwischen über zehn Monate her, keinen solchen körperlichen Zusammenbruch mehr erlebt. Ich hatte mit dieser sechsstündigen Verarztung meiner psychischen Wunde zweiten Grades offenbar einen psychischen Selbstheilungsprozess eingeleitet und realisiert, so daß meine hilflosen körperlichen Zusammenbrüche

nach Streß und nach anhaltendem Druck nicht mehr auftraten. Ich empfinde dies als einen guten brauchbaren Beweis für die Wirksamkeit der psychisch-hygienischen Methode.

Drittes Zwischenspiel

Ein bewölkter Nachmittag in Santa Fe, ich putze Toddy, den Foxtrotter, Schimmelwallach von Veryl Goodnight, die zu unserem verabredeten Ausritt in die Rocky Mountains zu spät kam. Ihr Brillengestell war gebrochen und sie musste deswegen in die Stadt.

Schnell holte sie Dillion, einen braunen Arabermischling (Wallach, 11 Jahre) aus der Box, reinigte ihn notdürftig vom Winterkleid. Braune und weiße Pferdehaarbüschel säumten die Stallgasse. Ich wollte sie fegen, aber Gabriel, der Stallburschenhelfer, versprach zu säubern.

Die Pferde wurden gesattelt und ab ging es. Es war schon später Nachmittag, die Sonne war längst hinter den Wolken verschwunden. Das schöne Wetter war der Bewölkung gewichen.

Doch bevor wir los reiten konnten wurden wir zweimal kurz unterbrochen, weil Veryls Hunde, unter anderem Micky, ein Jack-Russel, und Flag, eine Rottweiler-Hündin und Anny, die Tochter von Flag, waren aus ihrem häuslichen gebotenen Arrest ausgebrochen, weil sie mit uns wollten. Veryl brachte

sie zweimal zurück. Beim zweiten Mal war sie schon etwas ärgerlicher.

Ich hielt die Pferde locker am Zügel. Nur Luke, der elf Jahre alte Schäferhund, durfte uns begleiten.

Wir gingen am Gatter von Charly vorbei, dem zwei Jahre alten Bison, der von Roger und Veryl seit der achten Lebenswoche aufgezogen wurde.

Wir kamen auf ein kleines, ausgetrocknet erscheinendes grobsandiges Flußbett vor dem Anwesen meiner Gastgeberin. Dort stiegen wir auf die Pferde. Ich signalisierte Dillion durch meine Gewichtsverteilung, den tiefen Sitz und den Schenkeldruck, dass ich ihn lenken wollte. Er war gut erzogen. Er reagierte schnell auf meine Hilfen und ging sofort am Zügel. Dadurch hatte ich einen komfortablen Sitz und gewann Vertrauen zu dem Pferd.

Später wies mich Veryl daraufhin, daß ich ihn etwas locker am Zügel halten müsste. Sein Körper könne die Balance nur mit seinem freien Körper finden. Beim Abstieg wollte ich die Zügel halb aufnehmen, um ihm das Gefühl von Sicherheit zu geben.

Zunächst erschien mir alles harmlos und überraschend einfach. Bei Trab und Galopp fühlte ich mich auf dem Rücken von Dillion wohl und sicher. Seine Bewegung, vor allem die Galoppbewegungen, waren wunderbar weich und schwungvoll rhythmisch. Ich fühlte mich wie auf einer Wolke getragen.

Dann begann der Tanz in den Rocky Mountains!

Viermal erstiegen wir mit den gelenkigen, kräftig gebauten Pferden Berge. Viermal hatten wir atemberaubende Blicke umringt von buschigen Pinienköpfen auf das unfaßbar weit sich erstreckende Hochplateau von Santa Fe. In der Ferne die schwarz-blauen Bergen umrandeten im Halbrund den grauen, bewölkten Himmel. Ich sah die ausgefransten abregnenden Wolken auf den Berghöhen und mancher weiß - umschneiter Höhe.

Aber ich hatte kaum Kraft, diese überwältigende Schönheit und kraftvolle Ferne und Weite zu ertragen. Ich zitterte auf steil auffährts führenden und wieder abschüssigen steinigen Pfaden. Pinienzweigen schlugen mein Gesicht und meinen Körper. Ich fürchtete die unwegsam erscheinenden mit unglaublich vielen Steinen übersäten vielleicht zwei Handbreit schmale Strecken, während mein Pferd Dillion oftmals einfach galoppierend Anlauf wagemutig zwischen Pinienwurzeln, ausgewaschenen lockeren und riesigen Steinen nahm.

Ich konnte mich halten und erstarrte in Bewunderung für Veryl dieser unfassbaren Frau, die in dieser Wildnis der Rocky Mountains herumtrabenden „kleinen Katze", biegsam, furchtlos, elastisch und freien Geistes. Der Schatten meiner Angst, die beklemmende Furcht überleben zu wollen, beherrschten mich fast ganz. Aber Veryls Vorbild zog mich und forderte mich immer heraus, ihr nachzutun.

Die wirklich starke Aufmerksamkeit, Wachsamkeit und Konzentration beanspruchenden Pfade meisterte sie mit Toddy und Dillion folgte ihr todesmutig, und ich versuchte, alle psychische und körperliche und geistige Kräfte zu bündeln, um diesem für mich einen Kindheitstraum erfüllenden Erlebnis gewachsen zu sein.

Ein Teil von mir war es, sonst könnte ich dies hier nicht schreiben.

Und dieser kraftvolle, bewußt wahrnehmende Teil meines Selbst, den ich in den letzten zwölf Jahren durch mein tägliches Reiten und durch mein tägliches Arbeiten an mir selbst aufgebaut hatte, dieser persönliche Teil von mir wurde von Veryl noch gefordert!

Mit ihrer Veryl in den Rocky Mountains tanzen, zu Pferde tanzen, an phantastischen Ausblicken wahrnehmend zuprosten und psychisch-geistig-körperlich in dem Geist der Freiheit und Überwindung explodieren - das war die Geburt für mein in mir schlummerndes aber herausdrängendes Selbst.

Überwinde dich selbst - fordere von dir, was du in deiner Kindheit suchtest, erfülle den Kindheitstraum, um ein werterfüllendes Leben zu haben!

Veryl war in diesem Sinne eine Geburtshelferin. Ohne meine zaghaften Einwürfe auf langsamere Gangart direkt zu befolgen, ohne meine wortlose Stöhnerei zu beachten, führte sie mich zu lokalen Ausblicken in diesem Amerika, die Thomas Jefferson vielleicht zu der Wahrheit geführt hatte, dass der Mensch nicht nur gleich sei, sondern frei! Und

ein Recht auf Glück habe! In der Unabhängigkeitserklärung 1775 schrieb er, dass insofern alle Menschen Amerikaner sind! Ja, das konnte ich zwar zunächst nur mit einem Seitenblick fühlen, sehen und erleben. Mehr Kraft hatte ich nicht für diese explodierende Wahrheit, die durch den Anblick dieser Natur in mir einen tiefen Widerhall bewirkten. Der Gedanke schoss in mir hoch, dass die Indianer zu sehr mit sich selbst beschäftigt waren, um dieser neuen erwachende Wahrheit gewachsen zu sein. Die Botschaft in der Welt zu verkünden, dass jeder Mensch ein Amerikaner, d. h. ein freier, unabhängiger Mensch sei, der ein Recht auf Glück hat!

Veryl Goodnight konnte das Leid der Menschen empfinden, die in ihrer Freiheit gefesselt sind. Und als die Mauer fiel, spürte sie die ungeheure Freude und Erleichterung der Widergewonnenen Freiheit. Sie, die durch die Rocky Mountains seit ihrer Kindheit ritt, die die Wahrheit und Botschaft dieser Landschaft wie kaum ein anderer Mensch erlebte und genoss. Sie, die ich begleiten durfte, und die mir damit in meinem Kindertraum genährte Sehnsucht von den „Cowboyfilmen" der fünfziger Jahre erfüllte, nach kraftvoller Größe, Freiheit und Bewegung, nach Einheit von Pferd und Mensch. Das ich das erleben durfte, von der natürlichen räumlichen Schönheit der Erde getragen, genährt, gewiegt und herausgefordert zu werden zum wahren Menschsein.

Veryl Goodnight konnte das Gefühl der Berliner am 9. November 1989, als die Mauer fiel, mitfühlen. Ihre erhabene und doch bindende Psyche erlitt und

erfühlte diese die ganze Welt durchdringende, erfassende Freiheitskraft der Liebe. „Nothing would hold back". Sie war trainiert, diesem Gefühl Ausdruck zu verleihen. Ihre Skulptur mit den fünf Pferden, die die Mauer durchbrechen und überwinden, materialisiert dieses Lebensgefühl in einem Kunstwerk. Dieses ist in der Clayallee in Berlin Zehlendorf zu bewundern. Ein bronzenes Symbol für Einheit und unhaltbaren Willen zu überleben in Größe, in Freiheit und Würde der Selbstbestimmung. Dem Sieg des Lebens.

An diesem Abend zeigte sie mir das Grab dreier Spanier, die um 1720 zu Tode gekommen waren. An unserer letzten Berghöhe in Ewigkeit diesen unglaublichen Ausblick zu genießen. Auf kleinen steinigen Hügeln ein mahnendes Zeichen, daß der Mensch ein kurzes Leben hat im Anblick der Hoheit der Erde, der Berge, des Himmels, der Weite, der Ferne die Chance hat die Magie des Lebens zu erleben.

Der Abstieg ins schier endlos scheinende Nichts der abschüssigen Bergwelt erforderte noch einmal alles von mir. Ich fokussierte mich auf den kurzen Abschnitt zwischen Toddy und mir und versuchte mich so zu sammeln, um weder Dillion noch mich in Gefahr zu bringen. Der Abstieg war fast 45 Grad abschüssig und erforderte alles, zumal der „Weg" manchmal keine Handbreit breit war und durch viele Steine für die kleinen nur Handteller großen Hufe, die eisenbeschlagen waren, gefährliche Herausforderungen waren.

„Sieh, was wir hinter uns haben, sieh die neuen Häuser, die sie im Pueblo-Stil bauten, in die Berghänge geduckt, wie kleine Raubtiere deren Existenz nur von der Höhe des Berges aus zu entdecken war, versteckt, und doch vereint durch die Nachbarschaft" sagte Veryl.

Und ich fühlte mehr als das. Ich **sah** die Menschen, wie sie in ihren Berghäusern wohnten. Ich fühlte mit meinem Herzen ihren Mut, ihre ungebrochene Lebensfreude frei und unentdeckt zu sein.

B3   Ein Fallbeispiel beider psychischer Erste-Hilfe-Maßnahmen

Zum Abschluß des Hauptteils möchte ich nicht versäumen, Ihnen, liebe Leser, etwas über die großartige psychische Genesung eines eingedeutschten arabischen Mannes zu berichten. Dieser Patient konnte mit meiner Hilfe (first-aid) und dem engagierten Mitarbeiten seiner Ehefrau die schlimmste psychische Herausforderung überwinden, die ich in meiner dreißigjährigen psychotherapeutischen Arbeit erlebt habe.

Die Überwindung eines psychisch-geistigen Zusammenbruchs, bei dem die Gedankenwelt wie ein Luftballon aufplatzte und Bilder über ihn hinwegjagten. Seine Gefühlswelt war von Angst, Unruhe und unendlich ohnmächtiger Verlassenheit zerbrochen.

Was war geschehen?

Das seit über zwölf Jahren verheiratete Ehepaar war mit der gemeinsamen zehnjährigen Tochter nach Tunesien gefahren.

Dort entwickelte der Ehemann plötzlich Ängste, fühlte sich verfolgt, konnte nicht mehr auf die Straße gehen und war ständig dem peinigenden Gefühl ausgesetzt, beobachtet zu werden.

Die Tochter träumte von einem Blutbad in einem Swimmingpool des Hotels.

Die Ehefrau hielt während des gesamten Heimfluges seine Hand und versicherte ihm, daß alles gut werde.

Die sich sehr liebenden Eheleute hatten viel durchgemacht. Die Ehefrau war von ihrem Ehemann aus schweren Ängsten und Depressionen herausgeholt worden. Er lehrte sie, selbstsicher und unabhängig zu leben.

Die Kindheit und Jugend der Eheleute war auf jeweilig andere Art sehr belastend gewesen.

Während die Ehefrau nur in Bezug auf ihre Zwillingsschwester Vertrauen, Geborgenheit und Nähe erlebte, den Eltern fast feindlich entgegenstand und oftmals in der Jugend einem Selbstmord nahe gewesen war – Alkoholkonsum des Vaters spielte dabei eine Rolle – war der Ehemann geprägt von seinen Erfahrungen als Palästinenser, vom Kampf, von Todesgefahren, von Überleben. Er war von seinen eigenen Leute inhaftiert worden, während seine Frau in Deutschland schwanger war und das gemeinsame Kind allein zur Welt brachte. Und als die kleine Familie endlich vereint war, mußte der Mann wegen eines Lebertumors operiert werden. Die Operation war eine Schauoperation und wurde als Lehrstück für viele hundert Studenten durchgeführt.

Und dies einem stolzen, dem Tode trotzenden Muslimen.

Dieser Mann war gebrochen. Er konnte seine Arbeit als Angestellter nicht mehr nachkommen. Ängstlich wie ein kleines Kind hing er an der Hand seiner Ehefrau und wußte nicht, was ihm geschah. Die Ehefrau kannte mich aus meiner Expertenarbeit im Fernsehen und sie glaubte, nur durch mich und durch meine psychotherapeutische Kompetenz habe ihr Mann eine Chance, zu gesunden.

Eine starke Herausforderung für mich, die ich mutig annahm.

Zunächst arbeitete ich mit dem Patienten, der stets von seiner anteilnehmenden und ihn unterstützenden Ehefrau begleitet wurde, daran, daß er sich vor einer psychotherapeutischen erstmal eine psychische Erste-Hilfe seiner so verletzten Psyche angedeihen lassen musste. Ich sprach vor allem seine Ohnmacht und seine Angst an als Zeichen seiner psychischen Verletztheit ersten Grades. Ich erarbeitete mit dem Patienten die psychische Lokalisierung von Ohnmacht und Angst im Körper. Er nannte den Kopf und den Bauch. Also trainierte ich in der ersten Sitzung die psychische Erste-Hilfe für die psychische Verletzung ersten Grades: „Ich zerschlage den Spiegel der Selbstbetrachtung!". Ich ließ ihn laut und mit großem Nachdruck aussprechen und mein Patient sandte den Satz in voller ihm möglichen Konzentration und Hingabe in Gedanken in den Bauch und ließ ihn dort explodieren. Dann

wiederholten wir dieses für den Kopf. „Ich zerschlage den Spiegel der Selbstbetrachtung!" Er ließ diesen Satz unter meiner psychischen und verbalen Führung in Gedanken mit all seiner ihm zur Verfügung stehenden Möglichkeiten von Konzentration und Nachdruck dort zerplatzen. Die Ehefrau veranlasste ich, dasselbe zu tun.

Schließlich forderte ich meinen Patienten auf, den gesamten inneren Körper als Hohlkugel aufzufassen und dort den Satz „Ich zerschlage den Spiegel der Selbstbetrachtung" zerplatzen zu lassen.

Als Hausaufgabe gab ich dem Patienten auf, diese Behandlung durchzuführen, und seine Ehefrau, die die psychische Übung mitgemacht hatte, sollte ihm helfen.

Weil es sich um eine offensichtlich schwerwiegende psychische Krise handelte, vereinbarte ich tägliche Termine.

Am nächsten Termin des nächsten Tages erfuhr ich von der Ehefrau, daß ihr Mann das erste Mal, nachdem sie vor acht Wochen aus Tunesien zurückgekommen waren, die psychische Übung zu Hause erledigt und wiederholt hatten, zehn Minuten später tief und fest und über neun Stunden geschlafen hatte.

Das war ein gutes Zeichen.

In den folgenden drei Wochen arbeiteten wir mit diesem Erste-Hilfe-Satz für die psychische Verletztheit ersten Grades. Ich wies darauf hin, dass dies die Erste-Hilfe ist und noch keine psychothera-

peutische Problemverarbeitung. Ich erklärte, daß wir mit dieser Technik erst einmal die psychische Verwundung „desinfizieren" und einen psychischen Selbstheilungsprozess unterstützen, daß dabei die Bewußtseinskraft wiederbelebt wird, die wir brauchen, um die psychische Problemlage zu erfassen.

Nach drei Wochen fühlte der Patient sich soweit wiederhergestellt, dass er arbeiten gehen wollte. Er konnte seine Gedankenwelt freihalten von ihn überziehenden Bildern und in seiner Gefühlswelt konnte er sich zu seiner kleinen Familie verbunden fühlen und war nicht mehr einsam.

Nach sechs Wochen kam das Ehepaar erneut. Eine zweite schwere Krise hatte den Ehemann erfasst. Ausgelöst war diese Krise durch die berufliche Überforderung. Durch Krankheitsausfälle und viele Überstunden hatte der Ehemann sich verausgabt.

Wieder arbeiteten wir täglich zusammen.

Diesmal war seine psychische Verletztheit zweiten Grades offensichtlich. Bei der Operation seiner Leber war der Patient in ohnmächtiger Wut über seine Hilflosigkeit und die tausend Augenpaare, die „unverschämt" auf seinen geöffneten Leib schauen konnten, zutiefst psychisch verletzt und aufgebracht. Da andererseits diese Operation wahrscheinlich sein Leben gerettet hatte, konnte er nie die Kraft finden, diesen Konflikt selbst anzugehen. Im Gegenteil, seine psychische Verletztheit zweiten Grades (aus dem vierten Lebensjahr) brach aus und diese psychische Verwundung griff wie ein Flä-

chenbrand auf die psychische Verletztheit ersten Grades über. Seine Bewußtseinskräfte wurden nunmehr durch zwei schwere psychische Verwundungen und Verletzungen ersten und zweiten Grades gefangen genommen, er „blutete aus". Er war wahrscheinlich nur noch mit zehn Prozent seiner Bewußtseinskraft befähigt, sein alltägliches Leben zu leben.

Was auch immer Auslöser für die erste Krise war, die zweite Krise wurde nunmehr mit einem gestärkten Bewußtsein begleitet, so dass die Operation eindeutig als letzte große psychische Verletzung zweiten Grades identifiziert werden konnte.

Wieder arbeitete ich, diesmal mit der Ersten-Hilfe für die psychische Verletzung zweiten Grades. Der Bauch, die Operationsnarben, waren diesmal die Lokalisation im Körper. Mit dem Gedankensatz: „Ich zerschlage die Gefühlsinstallation!" wurde dieser Satz in ein Lichtmesser verwandelt, der die psychische Verletzung zweiten Grades durchzog, mit allem Nachdruck und ständigen Wiederholungen, bis der Druck in diesem Körperbereich nachließ.

Auch der Erste-Hilfe-Satz für die psychische Verletzung ersten Grades wurde angewandt.

Beide, der Patient und seine Ehefrau, arbeiteten ganz intensiv und mit vollen guten Glauben mit. Nach sechs Wochen ging der Patient wieder arbeiten. Diesmal hatte seine Persönlichkeit den alten Glanz, seinen früheren Optimismus, seinen früheren Stolz und seine Aktivität und seine Autorität wiedergefunden.

Die Tochter kam sich bei mir bedanken.

C Zusammenfassung und Ausblick

Ich habe eine psychische Erste-Hilfe entdecken dürfen, die als psychische Hygienemaßnahme jedem Menschen zur Seite stehen sollte, um selbstverantwortlich die unvermeidbaren psychischen Verletzungen ersten und zweiten Grades zu versorgen, damit die für uns als Menschen so wichtige Bewusstseinskraft geschützt wird!

Diese psychische Erste-Hilfe-Maßnahme soll keine neue Psychotherapie sein oder diese wenn nötig ersetzen. Nein, diese psychische Erste-Hilfe-Maßnahme soll:

a) geringe psychische Verletzungen, die täglich passieren können, schnell, wirksam und hygienisch versorgen und

b) wenn nötig eine psychische Erkrankung für die Psychotherapie vorbereiten, damit die so psychisch unerläßliche Bewußtseinskraft des Erkrankten zurückgewonnen werden kann und der als bewusster Partner im psychotherapeutischen Prozeß erstarken kann.

Wie oft habe ich von meinen Patienten gehört, wenn sie bereits in verschiedenen psychotherapeu-

tischen Behandlungen gewesen waren, daß sie „verstanden" hätten, was ihr Problem sei, aber dass deswegen ihr Problem nicht bewältigt wäre. Z. B. bei Eßstörungen wissen die betroffenen Patienten sehr genau zu berichten, wann und warum sie ihre Eßattacken hätten. Dieses „Verstehen" hatte aber nicht die Essstörung beseitigt.

Was für eine Bankrotterklärung für den Verstand!

Wir brauchen Bewußtseinskraft, um die psychischen Erkrankungen und die dahinter liegenden psychischen Probleme zu erfassen!

Wir brauchen Bewußtseinskraft, um z. B. ein kindliches Mißbrauchserlebnis ins Bewußtsein zu heben. Unsere Psyche schützt durch „Vergessen" die Person. Wenn wir keine ausreichende Bewußtseinskraft haben, bleiben z. B. Eßstörungen und die zugrunde liegenden häufig zu beobachtenden sexuellen Gewalterfahrungen im Raum des Vergessens, und nur die Eßstörung, die unbewältigbar erscheint, ist ein Signal des unter dem Panzer der Angst und des tief unbewußten Konfliktes (Z. B. wenn der Täter aus der eigenen Familie stammte oder auch ein akzeptierter Liebespartner war) verschwundenen, aber schwelenden psychisch verwundeten Raums.

Diese tief verletzte psychische Wunde in der Persönlichkeit eines Menschen reißt natürlicherweise automatisch die psychischen Verletzungen ersten und zweiten Grades mit auf. Die Bewußtseinskraft

wird gefesselt und steht der Persönlichkeit nicht mehr zur Verfügung. Dieser progrediente (zunehmende) Verlauf der psychischen Erkrankung frißt die Arbeitskraft auf, die Bewußtseinskraft sinkt immer mehr. Die Folgen sind egozentrische Problemverarbeitungsstrukturen (nur auf sich selbst bezogene Verhaltensweisen unter Ausschluss sozialer Bezüge) - psychosomatische Erkrankung, fehlende Regenerationsabläufe durch befriedigende, werterfüllende private und berufliche Erlebnisse.

Aber auch bei depressiven Erkrankungen schwindet die Bewusstseinskraft fast völlig.

Die Bewusstseinskraft ist für die Psyche wie die Haut für den Körper. Wird diese „Haut" durch psychische Verletzungen ersten und/oder zweiten Grades verwundet, so konzentriert sich das psychische Erleben um diesen psychischen Schmerz. Statt einer nachfolgenden psychischen Selbstheilung verletzen wir uns in der Regel immer weiter. Wir haben einfach nicht die Kenntnis, psychische Wunden zu verarzten. Dies ist für die „psychische Haut", die Psyche umschließende Bewusstseinskraft wie ein Todesurteil. Wir werden empfindlich. Wegen der verwundeten Bewusstseinskraft haben wir keine Einblicke in diese Verletztheiten. Die psychische Empfindlichkeit, unbehandelt, ist Nährboden für weitere psychische Wunden. Dies wiederum läßt die Bewußtseinskraft weiter schwinden.

Ein Teufelskreis, den wir kennen z. B. bei legasthenischen Kindern. Diese leiden in der Regel an einer Funktionsschwäche, einer verzögerten Funktionsreife, die sich aber spätestens in der Pubertät gibt.

Durch die mit dieser Funktionsschwäche verbundenen auffälligen Verhaltensweisen in Lesen und Schreiben wird ein psychischer Nährboden für sogenannten sekundäre psychische Erkrankung („Neurotisierung") gebildet. Diese wiederum lassen die psychischen Verletzungen ersten und zweiten Grades aufflammen. Das betroffene Kind, das eigentlich eine wenig störende Funktionsnachreife erlebt, erfährt eine traumatisierende Schulzeit und selten kann es in seinen wahren Anlagen gefordert oder erkannt werden. In meiner Praxis habe ich mehr als einmal erlebt, daß legasthenische Kinder, die durchaus normal begabt waren, in die Sonderschule gehen mußten.

Die unwissende Verfahrensweise der Umwelt wird komplementiert von der schwindenden Bewußtseinskraft des Betroffenen. Menschen, die in der Vergangenheit in diesem Teufelskreis gefangen waren, hätten mit den psychischen Erste-Hilfe-Maßnahmen diesen durchbrechen können und ihren individuellen persönlichen Weg gemäß ihren Anlagen und ihren Forderungen gehen können.

Besonders bei Suchterkrankung konnte ich in der Vergangenheit den so auffälligen Verlust von Bewußtseinskraft beobachten.

Suchtkranke nutzen häufig das geringe Bewußtsein, um ihre Sucht zu unterhalten. Dadurch verlieren sie noch mehr die so notwendige psychische „Haut" der Bewußtseinskraft. Sie können nicht mehr die psychische Kraft zum Überwinden und Einhalten der Sucht aufbringen.

Die Fähigkeit, die naturgemäß durch das Bewußtsein genährt, gestützt und möglich gemacht wird, diese Bewußtseinsfähigkeit ist durch die aufgebrochene psychische Verletzung ersten und zweiten Grades in der Suchterkrankung der erste Verlust.

Übrig bleibt ein stark um sich greifendes psychisches Verletztheitsgefühl, so daß jede äußere oder innere Streßerfahrung, die zum alltäglichen Leben gehört, die Suchtreaktion auslöst. Ich spreche hier ausschließlich von der psychischen Seite einer Suchterkrankung.

Ich hatte viele Patienten in den letzten Jahrzehnten, die unter dem Alkoholmißbrauch ihrer Eltern litten. In der Berichterstattung dieser Patienten wird fast einmütig das kindliche Ohnmachtsgefühl geschildert, das sie gegenüber dieser für Kinder und Jugendliche so gehaßten Alkoholmissbrauchsverhaltensweisen ihrer Eltern empfunden hatten.

> ➢ Die psychische Entwicklungszeit der Menschen im ersten Lebensjahr zum fundamentalen Aufbau ihrer Identität und ihrer Persönlichkeit

> ➢ die psychische Entwicklungszeit der Menschen im zweiten bis vierten Lebensjahr zur fundamentalen Entwicklung ihrer Durchsetzungskraft

sind ähnlich der Prägungszeit bei Tieren

nach Konrad Lorenz, der die Graugans Martina aufzog.

Als die Graugans Martina schlüpfte und im Schlafzimmer von Konrad Lorenz als erstes den Hauslatschen sah, wurde der in ihrer Instinktwelt ihre Mutter. Denn die Instinktwelt der Graugans Martina ist so programmiert, dass das erste, was sie sieht, ihre Mutter sein muss. Ihre Bewusstseinskraft ist nach dem Ausschlüpfen aus dem Ei spontan und flexibel und voller Konzentration geöffnet, dann nimmt die Bewußtseinskraft von der Graugans das Bild, das sie vorfindet, für alle Zeiten tief in ihre Psyche auf, unauslöschbar. Die Tore der Bewußtseinskraft für diese Orientierung, für diese Information schließen sich wieder. Bei der Graugans Martina war das der Hauslatschen. So mußte Konrad Lorenz dem kleinen Wesen im Hauslatschen die Welt näher bringen, wollte und sollte Martina überleben. Konrad Lorenz tat dies.

„Dem Leibe nach sind wir Tiere", darüber hinaus haben wir in unserer Bewußtseinskraft einen großartigen Spielraum und Bewegungsmöglichkeiten, sowie Spontaneität.

Aber wir sind in diesen psychischen Entwicklungsräumen des ersten und des zweiten und vierten Lebensjahres besonders prägbar und empfindlich verletzbar!

Und wir werden psychisch verletzt.

Aus tausend und abertausend Gründen.

Die psychische Verletzbarkeit in dieser Zeit ist meines Erachtens nicht verhinderbar.

Als ich dreißigjährig mein erstes und einziges Kind gebar, wünschte ich mir nichts Sehnlicheres wie jedes Elternteil, meine Neugeborene so wenig wie möglich in ihrer Einzigartigkeit zu verletzen, zu behindern. Ich wünschte mir, sie in ihrer Einmaligkeit zu unterstützen, zu schützen und zu fördern. Wie bestürzt war ich, als ich in einem anderen Zusammenhang meine Tochter testpsychologisch erfaßte. Damals wußte ich noch gar nichts von den psychischen Verletzungsarten ersten und zweiten Grades. Aber ich erkannte klar, daß sie in ihrem ersten Lebensjahr und in ihrem zweiten und vierten Lebensjahr, also in ihrer Persönlichkeit und ihrer Durchsetzungskraft, verletzt war. Ich versuchte mich damals mit den Worten von Rorschach zu begnügen und zu beruhigen: „Wir leben in einem neurotischen Zeitalter!". Meine Tochter ist auch Kind ihrer Zeit. Aber diese Beruhigung griff nicht. Ich suchte jahrzehntelang durch meine Arbeit, durch meine Weiterbildung, durch Besuch von nationalen und internationalen Kongressen einen Ausweg.

Dabei hatte ich den Schlüssel für den wissenschaftlichen Erkenntnisraum bereits längst in der Hand.

Ich wußte dies nur nicht!

In der Mitte der siebziger Jahre bereits hatte ich die Bücher von Carlos Castaneda gelesen. Nicht seine ersten beiden Bücher, die sich in der Darstellung der unter Peyote -Einnahme gemachten Erfahrungen begnügten. Diese Maßnahmen seines Lehrers Juan Matuz dienten dazu, dass die gewohnten Denkstrukturen aufgelockert wurden, um sie aus ihren kulturellen Bedeutungen und Verankerungen zu lösen. Ein für unsere zivilisierte westliche Welt unglaubliches Vorgehen. Zwar hatten wir in den sechziger Jahren im Zusammenhang mit Drogen von bewusstseinserweiternden Erfahrungen gesprochen (siehe Timothy Leary), aber eine kontrollierte, in einer anderen Kultur als kulturelles Mittel und kulturelle Technik bewußtes Vorgehen, das ist meines Erachtens für unsere westliche Welt neu.

Carlos Castaneda hatte seinen „Fehler" erkannt und begann in seinem dritten Buch „Die Reise nach Ixtland" mit der anthropologisch so wichtigen Berichterstattung über diese Kraftkultur. Zwar hatte er die wichtigen weiteren kulturellen Verhaltensanweisungen durch die sogenannten magischen Bewegungen bis in die neunziger Jahre verheimlicht, aber in seinem letzten Buch „Tensigrity", das in Deutschland 1998 erschien, konnte ich die Kenntnisse über die von ihm beschriebene Kraftkultur der Yaqui-Indianer vervollständigen.

Seitdem habe ich die Anregung und Passwortstrukturen (Satz und Bild) in meine Arbeit aufgenommen.

Dies habe ich für unsere Auffassungswelt vervollständigt, wissenschaftlich untermauert und als psychische Erste-Hilfe-Maßnahme strukturiert.

Unser wissenschaftlich-psychologischer Erkenntnisstand in der sogenannten Notfallpsychologie ist noch weit entfernt von den in diesem Buch dargestellten Vorgehensweisen. Weit entfernt von einer so einfachen wirksamen und notwendigen psychischen Erste-Hilfe-Maßnahme.

Zwar sind die sogenannten „Coping-Strategien" (Professor Bernd Gasch) ein kognitiver Ansatz für die in diesem Buch beschriebene Selbstheilungskraft der Psyche. Und so versuchen die gegenwärtigen Notfallpsychologen diese Coping-Strategien ungestört zu vermitteln. Sie geben dem Patienten das Gefühl, immer für ihn da zu sein.

Das ist aber nach meiner Erfahrung nur die halbe Wahrheit.

Auch die derzeitigen psychischen Erste-Hilfe-Maßnahmen der westlichen Welt in den Foren angebotenen Entspannungstechniken sind nur notdürftig. Vergleichbar damit, daß die Mediziner im Mittelalter vor allem mit dem „Schröpfen" -anfangs ein Vakuum erzeugender Glasbehälter- arbeiteten oder mit Blutegeln. Weit entfernt von einer eine Entzündung behandelnden Medizin.

Wir haben durch die Entdeckung des Penizillins und der Entwicklung von Antibiotika eine medizinische Wende erlebt.

Für die Psyche ist diese Wende durch dieses Buch möglich.

Das Erkennen, Lokalisierung und Behandlung der psychischen Verletzungsarten ersten und zweiten Grades bringt unsere Bewusstseinskraft wieder zurück. Die damit verbundene notwendige psychische Hygiene unterstützt die Selbstheilungskraft der Psyche. Die Passwortstruktur (Wort und Bild) löst psychisch ein Desinfektionprogramm aus. Dies ist eine psychische Erste Hilfe Maßnahme! Das ist unsere menschliche Chance, unsere psychischen Verletzungen zu verarzten und dadurch unsere psychische Haut, unsere Bewusstseinskraft wieder aufzubauen.

Diese Bewußtseinskraft, die uns erlaubt zu erkennen, wie wir sind, wer die anderen sind und was unsere Stellung zu auch anderen Lebewesen, zur Natur und zur Erde und zum Sonnensystem ist.

Das Gefühl von „Urvertrauen", das Gefühl geborgen, handlungsfähig und unterstützt zu werden, hängt von dieser Bewußtseinskraft ab. Ohne diese sind wir im psychischen Wahrnehmen unseres Selbst hilflos und ohnmächtig. Angst regiert unser Leben.

Nur durch unsere Bewußtseinskraft können wir unsere menschliche Wahrnehmungsfähigkeit entwickkeln. Wir sind gefangen sonst in einer eigenen und selbstverschuldeten Bewußtseinsarmut und blindwütig, ob nach außen in der Suche nach Feinden oder nach innen in der Selbstverletzungstortur unseres Körpers. Einen psychischen Ausweg, der in

der Sackgasse wie ein psychisch-sozialer Selbstmord endet.

Viele Leser fragen sich am Ende des Buches bestimmt:

„Klingt alles ganz nett, aber wirkt das auch?"
Nun, diese bange Frage hat mich in den letzten vier Jahren immer wieder begleitet. Bis ich in diesem Frühjahr durch einen lieben Freund ein Buch in die Hand gelegt bekam. (Von Jean-Jacques Charon „Der Geist in der Materie" Ullstein Sachbuch 1988 im Ullstein Verlag erschienen, französischer Originaltitel „L'esprit, cet inconnu" Edition Albin Michèl 1967; übersetzt von Alexandra Auer) Das Buch gab mir naturwissenschaftlich begründete Erklärungsmodelle, warum sich Wort und Bild psychisch niederschlagen.

Durch die nach Einsteins Modell entstandene Quantenphysik konnte schon in den zwanziger(!) Jahren des zwanzigsten Jahrhunderts das Phänomen des Beobachtereffekts „erkannt" werden. Die Quantenphysik beschäftigte sich anders als Einstein mit dem Makrokosmos also dem Universum und mit dem Mikrokosmos also den atomaren und subatomaren Teilchen. Dabei konnten die Physiker feststellen, daß bei der Beobachtung eines Photons (eines subatomaren Teilchens) dieses seine Gestalt als materielles Teilchen aufgab und zu einer Welle, einer Strahlung wurde!

Nicht nur der „Beobachtereffekt" wurde bestätigt, sondern das Photon gab die „Information", wer und was es sei: „Ich bin Teilchen und Welle!".

Unterbrach der Beobachter seine wissenschaftliche Beobachtung, so wurde aus der Welle wieder das Teilchen Photon!

Zwei Schlußfolgerungen ziehe ich daraus:

1. Materie und immaterielle Wesenheiten sind zwei Seiten einer Einheit.
2. Die Informationsbereitschaft im subatomaren Bereich ist gegeben, d. h. der wissenschaftliche Beobachter hat die Intention, etwas über das Photon zu erfahren und das Photon „antwortet", indem es seine zwei Zustände zeigt.

Psychisch bedeuten diese Schlussfolgerungen für mich:

Die von Carlos Castaneda dargestellte Wort-und-Bild-Strategie, um psychische Verletzungen zu verarzten, funktioniert tatsächlich.

Ich denke mir das so:

Der Betroffene hat durch seine Motivation, seine Konzentration, seinen Glauben die Entscheidung getroffen, die psychisch lokalisierte Verletztheit im Körper aufzusuchen.

Mit der gezielten Wort-und-Bild-Struktur greift er in das immaterielle Verhalten der verletzten Psyche ein, indem die „Coping-Strategien" der Psyche, - in diesem Fall eine psychische Software

der Desinfektion, der psychischen Hygiene - ausgelöst werden!

Genauso wie der strukturierende Beobachter, der wissenschaftlich vorgehende Physiker mit seinen Gedanken und seiner Vorstellungskraft das Photon befragt, was es für ein Wesen sei!

Und es scheint ein universales Gesetz der Informationsfähigkeit, der Informationsbereitschaft und der Informationserfüllung vorhanden zu sein.

Das Photon antwortet gemäß dem Wunsch des Beobachters.

Im psychischen Bereich bedeutet das, die aufgerufene Selbstheilungskraft der Psyche wird durch die psychische Erste-Hilfe-Maßnahme, der psychischen Passwortstruktur (Gedanken, Wort und Bild) mittels der konzentrierten nachdrücklichen Vorgehensweise - der fokussierenden Glaubenskraft - veranlaßt, aus dem Coping-Bereich ein Desinfektionsprogramm auszulösen. Diese psychische Software funktioniert nur in dem Moment der Vorgehensweise; doch diese Momente, zumal wenn sie wiederholt werden, reihen sich aneinander und unterstützen die Selbstheilungsfähigkeit der Psyche!

Der psychischen Infektionsgefahr und dem damit so katastrophal verbundenen Verlust der menschlichen Bewußtseinskraft wird somit Einhalt geboten! Die psychische Haut, die psychische Bewußtseinskraft kann sich aus sich selbst heraus wieder aufbauen. Und die Fähigkeit, mit Hilfe von Bewußtseinskraft psychische Probleme

klarer zu erkennen und mögliche Problemverarbeitungsstrukturen selbst zu entwerfen oder sich therapeutisch beibringen zu lassen, wird eigenverantwortlich möglich. Dies entspricht dem im Grundgesetz verankerten Recht auf die Würde, und dass diese Würde ein unverletzbarer Wert sein kann und ist. Dazu muß jeder Einzelne seine Bewußtseinskraft wiedergewinnen, wiederaufbauen und schützen!

Warum gerade der Satz „Ich zerschlage den Spiegel der Selbstbetrachtung" mit dem Vorstellungsbild gekoppelt, daß dieser Satz in dem körperlich lokalisierten Bereich explodieren muß, hilft, kann ich nicht erläutern. Ich verlasse mich hier auf die bisher tausend Jahre alte „Kraftkultur" der Yaqui-Indianer, wie sie von Carlos Castaneda unter Einsatz seiner eigenen Persönlichkeit und Entwicklung anthropologisch berichtet wurde. In meiner Auffassung hat diese Kraftkultur ein unschätzbares Wissen über die Psyche des Menschen zusammengetragen.

Diese Kultur hat auf jede religiöse Propagierung ihres Wissens verzichtet.

Diese Kraftkultur ist realitätsverbunden und pragmatisch geblieben.

Dennoch haben die Kulturträger der Yaqui-Indianer zu Erkenntnissen Zugang gehabt, die für unsere westlich-zivilisierte Welt unglaublich erscheinen.

Fakt für mich ist, daß dieses Wissen mir in den letzten vier Jahren auf einfache Weise zu erstaunlichen psychotherapeutischen Erfolgen verholfen hat. Nicht selten habe ich durch die Anwendung in mei-

nem persönlichen Leben erstaunliche Heilungsprozesse und damit verbundene Bewusstseinsstärke erfahren.

Natürlich habe ich auch ohne erkennbare Erfolge versucht, Patienten zu trainieren. Immer jedoch konnte ich nach eingehendem Nachfragen erfahren, daß die erfolglos gebliebenen psychischen Erste-Hilfe-Maßnahmen in erster Linie an der laschen, motivationsarmen und verständnislosen, achtungslos abweisenden, mißtrauischen Haltung der Patienten lag, die ich nicht ausreichend berücksichtigt hatte oder die von meiner persönlichen Art her nicht überwindbar waren.

Vielleicht sind auch ganz andere Gründe dafür verantwortlich, dass die psychischen Erste-Hilfe-Maßnahmen bei meinen Patienten mitunter nicht greifen.

So konnte ich erleben, daß ich z. B. meine Mutter, eine von ihrer Logik und ihrem klaren Verstand tief überzeugte Frau, bis zum heutigen Tag psychisch nicht beeinflussen konnte und kann.

Ihre Leidensgeschichte, die sich körperlich in Schmerzen äußert und die weder von den Professoren der Charité noch von denen des Sankt Gertrauden Krankenhauses ärztlich versorgt werden konnte, hatte und hat für mich eine psychische Seite. Diese psychische Seite ist durch die in diesem Buch dargestellte psychische Erste-Hilfe-Maßnahme beeinflußbar. Ich führe dieses seit Jahren an mir selbst durch.

Doktor Rochus Walter, ein orthopädischer Arzt, konnte in seinem langen wissenschaftlichen Leben beobachten, daß das Skelettsystem des Menschen schief ist. Nach seiner Schätzung ist bei 80% der Menschen der linke Körper kürzer als der rechte.

Doch erklären konnte er es nicht.

Seine Therapie liegt darin, diese Schiefstellung der Wirbelsäule zu regulieren. Im Laufe der Zeit führt die Schiefstellung der Wirbelsäule zu weiteren krankmachenden Auswirkungen im gesamten Körperbereich, sodass die Patienten von heftigen chronischen Schmerzen verfolgt werden. Der Arzt bietet orthopädischen Ausgleich im Schuhwerk an.

Dies führte bei meiner Mutter dazu, daß ihr gesamtes Skelettsystem knirschte und Laute von sich gab – ein Zeichen, dass sich das Skelett durch die orthopädischen Ausgleiche neu ausrichtete. Tatsächlich berichtete meine Mutter von vorübergehender Schmerzfreiheit.

Ich wußte über meinen Körper, dass er links geringer ausgebildet war, dass ich bei Auswahl von Kleidung oder bei Maßschneiderungen immer wieder darauf hingewiesen wurde. Die lapidare Erklärung von mir war, ich habe wahrscheinlich als Jugendliche meine schwere Schultasche links getragen und dadurch die Schiefstellung meiner Wirbelsäule erworben.

Aufgrund meiner in den letzten vier Jahren angewandten psychischen Hygiene durch die hier in diesem Buch dargestellten psychischen Erste-Hilfe-

Maßnahmen ging ich davon aus, daß sich meine Wirbelsäule verändert hat.

Also bat ich Doktor Rochus Walter, meine Wirbelsäule zu überprüfen. Er tat dies. Sein Befund: Es lag keine Schiefstellung meiner Wirbelsäule vor!

Ich konnte dies kaum fassen.

Dies war ein Beweis, den ich nicht gesucht, den ich aber irgendwie erwartet hatte. Der Beweis, daß durch meine psychische Hygiene auch die Physis sich selbst heilen kann. Dass durch die täglichen mehrfachen Anwendungen der psychischen Erste-Hilfe-Maßnahmen auch mein Körper seinen Segen davon hatte. Dieser Befund von Doktor Rochus Walter war insofern kein Wunder für mich, da ich durch meine psychische Arbeit an mir die physische Ausgeglichenheit mitstimuliert habe.

Ein weiteres Buch von Gerd Binnig, „Aus dem Nichts, über die Kreativität von Natur und Mensch", Serie Piper 1992, Neuausgabe, half mir, mit einem dritten Beweis die psychischen Erste-Hilfe-Maßnahmen für dieses Buch wissenschaftlich zu untermauern. Die so genannte Tunnelung, d. h. die Fähigkeit subatomarer Teile, miteinander über materielle Grenzen hinweg zu kommunizieren.

Ich verstehe den Begriff „Tunnelung" aus der Physik psychisch so:

Das Individuum richtet mit konzentrierter nachhaltiger Glaubenskraft den psychischen Erste-Hilfe-Satz und das Bild lokal auf die physische Stelle und „tunnelt" in die physisch materielle Konstitution der psy-

chischen Verfassung. Dadurch wird materiell eine Zustandsveränderung bewirkt. Diese materielle Zustandsveränderung ihrerseits „tunnelt" in die immaterielle psychisch Verfassung und ruft dort immateriell psychische Prozesse hervor, die ich die „psychische Software der Desinfektion" nenne.

Diese wiederum „tunnelt" in die Selbstheilungskraft der Psyche und unterstützt sie.

Der Selbstheilungsprozess, der so unterstützt wird, „tunnelt" in die Bewußtseinskraft, das diese - für diesen Moment der menschlichen Vorgehensweise - ein wenig wieder hergestellt und aufgebaut und geschützt wird.

Die Bewußtseinskraft ihrerseits stärkt die Wahrnehmungsfähigkeit des Menschen.

Der Mensch kann sich aus seinem reduzierten, regressiven Wahrnehmungsniveau in ein höheres kraftvolleres Wahrnehmungsniveau strecken.

Das höhere Wahrnehmungsniveau stärkt das Selbstvertrauen der Persönlichkeit. Das stärkere Selbstvertrauen der Persönlichkeit läßt die Psyche erstarken.

Et-voilà, die vier Grundkräfte der Psyche – die Freiheitskraft, die Unabhängigkeitskraft, die kreative Kraft und die Verantwortungskraft – strömen klarer durch das psychische System, so daß die Psyche des Menschen erhellt wird.

Bis zum nächsten psychischen Ungleichgewicht - bis zur nächsten notwendigen psychischen Hygienemaßnahme!

Längst ist in der physikalischen Welt die Notwendigkeit des Ungleichgewichtes erkannt. Ohne die Instabilität der Nukleinsäuren (Denken Sie an die Kenntnis über die Gene, dass in ihnen unsere gesamte Vererbung aufgeschrieben ist, dass die vier Nukleinsäuren Cytosin, Guanin, Adenin und Thymin, als Paare verstanden/C+G; A+T, die Sprache des Lebens bildet.), die die materiellen Träger der Erbinformationen sind, ist Entwicklung (Mutation) nicht möglich.

Die im Nukleinsäuremolekül enthaltene genetische Nachricht ist hingegen stabil.

Die Selbstproduktion muß, damit evolutionäre Veränderung erfolgen kann, fehlerhaft oder mutagen sein.

Die Fehlerrate übernimmt die Rolle einer Umwandlungstemperatur. Wird sie zu hoch, so verdampft die Information. „Streben zum Gleichgewicht ist die Quelle der Zeitlichkeit. Die Nukleinsäure ist im immateriellen Milieu eine metastabile Verbindung fernab vom chemischen Gleichgewicht. Es entsteht aus der mittels Metabolismus verhinderten Gleichgewichtseinstellung ein neues Streben nach Ordnung - informierte Ordnung, die den Lebensprozeß steuert." (Seite 250 f., Manfred Eigen aus „Die Würfelspiele Gottes, neue Erkenntnisse in den Naturwissenschaften", herausgegeben von Guido Kurth, Sachbücher Heyne, 1994)

Ich verstehe das Prinzip des Ungleichgewichts so, daß dadurch der evolutionäre Entwicklungsprozeß überhaupt erst möglich geworden ist.

Das psychische Ungleichgewicht stellt Goethe in „Faust" 1. Teil in der Figur des Mephisto dar. Dort erklärt dieser, er sei ein Teil von jener Kraft, die stets das Böse will und doch das Gute schafft.

Auch ich verstehe, dass nicht jedes psychische Ungleichgewicht nutzbar wird. Eine Balance ist notwendig, wenn die evolutionären „Phasensprünge" erfolgen.

Auch verstehe ich, daß das Streben nach Ordnung unabhängig vom Ungleichgewicht ein Gesetz der Informationsentwicklung ist.

Für mich ist das ein physikalischer Beweis der psychisch so lebensnotwendigen „Werterfüllung".

René Spitz hat Ende der vierziger Jahre des vorigen Jahrhunderts durch seine Experimente mit Waisensäuglingen feststellen können, daß ohne die zuwendende Wärme und Liebe ein Säugling sein Leben nach spätestens einem Jahr beendet. Bowlby hat in den sechziger Jahren dies wiederholt. Deprivation nennen es die Psychologen: Den Verlust der psychischen Werterfüllung.

Die Werterfüllung ist aber direkt von der Bewußtseinskraft abhängig. Je weniger Bewußtseinskraft mir zur Verfügung steht, wenn sie durch die psychischen Verletzungen ersten und zweiten Grades verblutet ist, desto weniger Werterfüllung erlebt die Psyche, der Mensch. Desto weniger kann nutzbares psychisches Ungleichgewicht ertragen werden und entstehen.

Ohne dieses Fundament, das Recht auf Glück wie es in der Unabhängigkeitserklärung von Thomas Jefferson 1775 verkündet wird, ohne die Werterfüllung, die durch die Bewußtseinskraft im Menschen erfahrbar wird, können auch das Gesetz der Spontaneität (das Ungleichgewicht) nicht erfolgen.

Spontaneität ist der dynamische Faktor jeder psychischen Entwicklung.

Denken Sie an die Erfinder, denen spontan etwas zu ihrem wissenschaftlichen Problem eingefallen ist. Keppler, der unter einem Apfelbaum liegend die spontane Einsicht über die universalen Gesetze der Schwerkraft und des Sonnensystems erhielt, oder wie der Chemiker, der im Traum den Benzolring als Schlange träumte, oder Einstein, der im Schulunterricht davon träumte, auf dem Sonnenstrahl zu reiten, der auf sein Schülerpult fiel.

Spontaneität als Kraft der psychischen Evolution ist unabdingbar.

Die Konstanz ist das dritte universale Gesetz. Denn ohne die psychische Konstanz, z. B. an einem ungelösten Problem zu arbeiten bis es sich gelöst hat, kann keine Entwicklung geschehen.

In allen drei universalen Gesetzen,

    1. der Werterfüllung,
    2. der Spontaneität und
    3. der Konstanz

ist für uns Menschen die Bewußtseinskraft der Träger. Diese Bewußtseinskraft aber hängt davon ab,

wie weit wir Menschen unsere psychischen Verletzungsarten ersten und zweiten Grades verarzten!

Wie die psychischen Verletzungen ersten und zweiten Grades entstehen, wie sie im Körper lokalisiert und verarztet werden müssen, das habe ich in diesem Erste-Hilfe-Buch für psychische Verletzungen beschrieben, erläutert und untermauert.

In diesem Zusammenhang kam ich immer wieder auf die Bewußtseinskraft.

Was diese Bewußtseinskraft aber ist, das weiß ich nicht.

Mir erscheint sie als das „Blut" der Psyche. Ein Kraftstoff aus dem wir die Wahrnehmungen erleben. Ohne Bewusstsein sind wir ohnmächtig und verloren.

Ob sie vielleicht „der Geist" ist, den wir aus der Definition des Menschen, der eine Einheit von Körper, Geist und Seele sei?

Die Charakteristika der Bewußtseinskraft hat immer im Kern eine erkennende Qualität. Diese erkennende Qualität ist psychisch für mich die Fähigkeit, die Ordnung unserer Existenz oder „allen Seins" wahrnehmen zu können. Denn zu dieser Ordnung allen Seins gehört auch die Unordnung, das Prinzip der Entwicklung, wobei diese Unordnung nur dann als Prinzip der Entwicklung dienen kann, wenn sie balanciert ist. Die physikalische Bedeutung der „Unordnung" des „Ungleichgewichts" ist bei zu heißem Ungleichgewicht unbedeutend, hier verdampft die Information. Selbst in der Mathematik wurde durch

das Finden der chaotischen Attracktoren (eine mathematische Größe) die Ordnung des Chaos gefunden, d.h. das Chaos ist mathematisch erfassbar.

Was psychisch als „fließendes Gleichgewicht" benannt wird, hat etwas mit dem Gesetz der Entwicklung zu tun. So wie wir nach der Geburt im fließenden Ungleichgewicht des Aufbaues unseres Fundamentes von Identität und Persönlichkeit instabil sind und sehr verletzbar, so sind wir auch im zweiten und vierten Lebensjahr bei der psychischen Entwicklung der Durchsetzungskraft instabil und verletzbar. Diese psychischen Verletzungen ersten und zweiten Grades müssen verarztet werden, denn wenn der damit verbundene Verlust der Bewußtseinskraft nicht gestoppt wird, beenden wir unser Leben als Menschen auf dieser Erde.

Wir sind bewusstseinsfähige, wahrnehmende Wesen und dies sollten wir auch leben!

Wenn das Bewußtsein eines Rehs mir ein Buch mit sieben Siegeln ist, und ich bewundere, wie das Bewußtsein des Rehs verbunden ist mit dem Bewußtsein der Erde, dann beweist das nicht, daß ich ausgeschlossen bin. Glaubt man der Biologie, so ist das Wissen allen Lebens in den ersten neun Monaten in der phylogenetischen Entwicklung des menschlichen Entstehens im geschützten Mutterleib erfahrbar. Bei der Anstrengung, das biologische Wissen ins Bewußtsein zu heben, um das Eingebettetsein im Leben und Nichtleben, um das Eingebettetsein in der universalen Ordnung bewußt zu

erleben, braucht der Mensch Bewußtseinskraft. Diese Herausforderung, die das biologische Wissen an die Psyche stellt, diese Herausforderung können wir nur wahrnehmen und aufgreifen, wenn unsere psychische Verletzungen ersten und zweiten Grades verarztet werden und wenn wir verantwortlich selbst unsere psychischen Verletztheiten durch psychische Hygiene, durch die psychischen Erste-Hilfe-Maßnahmen, die in diesem Buch dargestellt werden, anwenden. Dann kann unsere Bewußtseinskraft individuell wachsen.

Dann kann unser Verbundenheitsgefühl zu Mensch, Tier, zur Erde erneut aufstehen, und dann können wir uns selbst erfahren und selbst erkennen. Wir können den biblischen Auftrag, nicht die Erde untertan zu machen, sondern uns selbst durch unsere Selbsterkenntnis untertan zu machen, da wir als Menschen dann Mensch sein können, wenn wir uns selbst erkennen, lenken und führen!

Frei nach dem Motto: Friede in den Hütten, Frieden in den Palästen! möchte ich sagen: Wer mit sich selbst im fließenden Gleichgewicht Frieden findet, der bietet der Welt, der Menschheit im Frieden zu leben.

Also: Bewußtseinskraft als notwendige Bedingung und Voraussetzung muß in unserer Psyche geschützt, wiederhergestellt und ausgebaut werden.

Dies ist für jeden Menschen möglich durch das Erkennen und Behandeln seiner psychischen Verletzungen ersten und zweiten Grades.

Quellenverzeichnis

Die Bibel

Gerd Binnig: Aus dem Nichts
Über Kreativität von Natur und Mensch
R. Piper GmbH & Co. KG, München. 4. Auflage: Januar 1992, Erstausgabe 1989

Carlos Castaneda: Tensigrity
Die magischen Bewegungen der Zauberer
S. Fischer Verlag GmbH, Frankfurt am Main. 4. Auflage: Dezember 2001, amerikanischer Originaltitel: *Magical Passes.* 1998

Jean E. Charon: Der Geist der Materie
Ullstein Verlag GmbH, Frankfurt am Main/ Berlin. Juni 1988, französischer Originaltitel:
L'Esprit, cet inconnu. 1977

Guido Kurth (Hrsg.): Die Würfelspiele Gottes
Neue Erkenntnisse in den Naturwissenschaften
Wilhelm Heyne Verlag GmbH & Co. KG, München. 1994

Jane Roberts: Seth und die Wirklichkeit der Psyche
Wilhelm Goldmann Verlag, München. 1989, amerikanischer Originaltitel: *The Unknown Reality.* 1979

Schlagwörter

Psychische Wunden/ Verletzungen

Bewusstseinskraft

Verletzungen 1. Grades

Verletzungen 2. Grades

Wahrnehmendes Kommunikationsnetz

Psychisches Desinfektionsprogramm

Erste-Hilfe-Maßnahmen